2019年度大连外国语大学学科建设专项经费资助项目

Projeto de Pesquisa: Análise de Livros Didáticos de Língua Portuguesa

韩莹◇著

葡萄牙语教学改革研究：

教材编写及课堂教学使用

新华出版社

图书在版编目（CIP）数据

葡萄牙语教学改革研究：教材编写及课堂教学使用 /
韩莹著. -- 北京：新华出版社, 2019.11
ISBN 978-7-5166-4980-0

Ⅰ.①葡⋯ Ⅱ.①韩⋯ Ⅲ.①葡萄牙语—教学研究—
高等学校 Ⅳ.①H773.9

中国版本图书馆CIP数据核字(2019)第265494号

葡萄牙语教学改革研究：教材编写及课堂教学使用

作　　者：韩　莹

责任编辑：李　成　　　　　　　　封面设计：贺　迪

出版发行：新华出版社
地　　址：北京石景山区京原路 8 号　　邮　　编：100040
网　　址：http://www.xinhuapub.com　　http://press.xinhuanet.com
经　　销：新华书店
购书热线：010-63077122　　　　　中国新闻书店购书热线：010-63072012

照　　排：中版图
印　　刷：河北盛世彩捷印刷有限公司
成品尺寸：170mm×240mm
印　　张：9.5　　　　　　　　　　字　　数：201 千字
版　　次：2019 年 12 月第一版　　印　　次：2019 年 12 月第一次印刷
书　　号：978-7-5166-4980-0
定　　价：42.00 元

Resumo

Num contexto de crescente cooperação entre a China e os países de língua portuguesa, o ensino de Português Língua Estrangeira (PLE) tem-se desenvolvido de uma forma muito rápida na China continental nos últimos 15 anos, registando progressos visíveis a vários níveis. No entanto, enfrenta também vários desafios, entre os quais se destaca a falta de materiais didáticos adequados ao público sinofalante e o baixo índice de utilização de metodologias comunicativas em contexto de aula.

Este estudo propõe-se fazer uma análise de cinco manuais de PLE para o nível de iniciação (A1/A2 do QECRL), - Aprender Português 1, Curso de Português para Chineses 1, Português XXI 1, Português para Ensino Universitário 1 e Português sem Fronteiras 1 - que são usados em cinco universidades chinesas selecionadas para integrar este trabalho: a Universidade de Comunicação da China, a Universidade de Estudos Internacionais de Beijing, a Universidade de Estudos Internacionais de Tianjin, a Universidade de Línguas Estrangeiras de Dalian e a Universidade de Línguas Estrangeiras de Jilin Huaqiao.

O estudo realizado conduziu a resultados que permitirão a) avaliar criticamente e conceber de raiz manuais e outros materiais didáticos de PLE adequados às necessidades específicas dos alunos chineses; b) constatar a importância da utilização adequada da abordagem comunicativa nas aulas do português; c) e melhorar a eficiência e a qualidade dos cursos de Licenciatura em

Língua Portuguesa na China.

PALAVRAS-CHAVE: Ensino de PLE na China; Manuais de PLE; Abordagem Comunicativa

Abstract

With the enormous intensification of cooperation between China and Portuguese-speaking countries, the teaching of Portuguese as a foreign language has developed very quickly in mainland China in the last 15 years. We have seen progress at several levels, but it also faces several challenges, among which the most prominent is the lack of teaching materials appropriate to specific sinofalante audience and the limited use of communicative methods in the classroom.

This study proposes to analyze five different Portuguese foreign language textbooks at an initiation level (A1/A2 of the CEFRL): Aprender Português 1, Curso de Português para Chineses 1, Português XXI 1, Português para Ensino Universitário 1 and Português sem Fronteiras 1, which are used in five Chinese universities selected to integrate this work: Communication University of China, Beijing International Studies University，Tianjin Foreign Studies University, Dalian University of Foreign Languages and Jilin HuaQiao University of Foreign Languages.

The study undertaken leads to results that will allow to a) critically evaluate and design Portuguese foreign language textbooks and other teaching materials tailored to the specific needs of Chinese students; b) note the importance of proper use of communicative approach in the classroom; c) and improve the efficiency and quality of the Degrees in Portuguese Language in China.

KEYWORDS: Portuguese Foreign Language Teaching in China; Portuguese Foreign Language Textbook; Communicative Approach

摘　要

　　随着中国和葡语国家合作的加强，近十五年来中国的葡语教学得到了飞速发展。虽然取得了一定的进步，但是葡语教学也面临着各种各样的挑战。其中，最突出的困难是：缺少中国学生适用的教材，课堂教学的互动仍有不足。

　　本文分析了五本入门级／初级葡语外语教材，分别是：《学习葡萄牙语 1 》、《葡语二十一世纪 1 》、《葡语无疆界 1 》、《葡萄牙语综合教程 1 》以及《大学葡萄牙语 1 》。此外，作者在使用这些教材的五所大学进行了问卷调查。五所大学分别是：中国传媒大学、北京第二外国语学院、天津外国语大学、大连外国语大学以及吉林华桥外国语学院。

　　通过本文的研究，从业人员能够根据中国学生需求，设计葡语外语教材和教学资料，并对其使用情况进行评估。同时，本文还强调了葡语课堂教学中逗当采用交际教学法的重要性。本研究，有助于改进中国葡语本科教学的效率，提高教学质量。

　　关键词：中国葡萄牙语外语教学，葡萄牙语外语教材，交际教学法

Lista de siglas

PLE = Português Língua Estrangeira

QECRL = Quadro Europeu Comum de Referência para as Línguas: Aprendizagem, ensino, avaliação

UCC = Universidade de Comunicação da China

UEIB = Universidade de Estudos Internacionais de Beijing

UEIT = Universidade de Estudos Internacionais de Tianjin

ULED = Universidade de Lníguas Estrangeiras de Dalian

ULEJH = Universidade de Lníguas Estrangeiras de Jilin Huaqiao

目　　　录

C O N T E N T S

图 表 目 录
CONTENTS

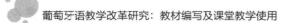

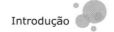

Introdução

A língua portuguesa é a quarta mais falada no mundo, depois do chinês, do espanhol e do inglês, e hoje é utilizada por mais de 250 milhões de pessoas. São nove os países que têm o português como língua oficial ou co-oficial: Angola, Brasil, Cabo Verde, Guiné-Bissau, Guiné Equatorial, Moçambique, Portugal, São Tomé e Príncipe e Timor-Leste. Todos estes países ocupam mais de 7% da superfície continental da Terra e representam 4% da riqueza mundial.[1]

O ensino de português como língua estrangeira (PLE) na China continental começou na década de 60 do século XX; já tem, portanto, uma história de mais de meio século. Mas antes do ano 2000, só existiam três universidades com cursos de licenciatura em língua e cultura portuguesa: a Universidade de Comunicação da China (UCC), a Universidade de Estudos Estrangeiros de Beijing (UEEB) e a Universidade de Estudos Internacionais de Shanghai (UEIS).

Porém, a partir do ano 2000, as relações de cooperação entre a China e os países de língua portuguesa intensificaram-se enormemente. Os dados disponíveis mostram que o comércio entre a China e os Países de Língua Portuguesa tem vindo a conhecer um aumento significativo e sistemático porquanto atingiu o valor de 11 mil milhões de dólares americanos no ano 2003, cresceu para 34,08 mil milhões

---

[1] Fonte dos números: http://pt.euronews.com/2014/02/19/portugues-a-quarta-lingua-mais-fala-da-no-mundo/

de dólares americanos no ano 2006, ultrapassou 62,4 mil milhões de dólares americanos no ano 2009, atingindo um total de 132,58 mil milhões de dólares americanos no ano 2014, de acordo com os dados dos Serviços da Alfândega da China.[①] Atualmente, o Brasil é o principal parceiro comercial lusófono da China, registando trocas comerciais no valor de 86,90 mil milhões de dólares americanos no ano 2014; Angola e Portugal ficam no segundo e terceiro lugar, com as trocas comerciais bilaterais a totalizarem 37,07 mil milhões e 4,80 mil milhões de dólares americanos no ano 2014, respetivamente.

Esta cooperação entre a China e os países de língua portuguesa não se restringe à área do comércio, mas também se refere ao domínio intergovernamental e empresarial, ao domínio da agricultura, pescas e pecuária, ao domínio da construção de infraestruturas, ao domínio dos recursos naturais e da proteção ambiental, ao domínio dos transportes e comunicações, às áreas da educação e dos recursos humanos, à área do turismo, à área financeira, às áreas da cultura, do audiovisual (rádio, cinema e televisão) e do desporto, à área da saúde, entre outros.[②]

[①] Fonte dos números: http://news.xinhuanet.com/ziliao/2010-11/15/content_14245851.htm

[②] Fonte: Plano de Ação para a Cooperação Económica e Comercial da 4ª Conferência Ministerial do Fórum para a Cooperação Económica e Comercial entre a China e os Países de Língua Portuguesa (2014-2016)
www.forumchinaplp.org.mo/about-us/action-plans/strategic-plan-for-economic-and-trade-co-operation-of-the-4th-ministerial-conference-of-the-forum-for-economic-and-trade-co-operation-between-china-and-portuguese-speaking-countries-2014-2016/?lang=pt

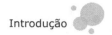

Quadro 1 - Trocas Comerciais entre a China e os Países de Língua Portuguesa
(Janeiro-Dezembro de 2014)

2014年1-12月中国与葡语国家进出口商品总值

Trocas Comerciais entre a China e os Países de Língua Portuguesa entre Janeiro e Dezembro de 2014

金额单位：万美元　Unidade: 10 mil USD

序号 No.	国家 País	2014年 1-12月 Janeiro a Dezembro 2014						2013年1-12月 Janeiro a Dezembro de 2013
		进出口额 Trocas Comerciais	出口额 Exportações da China	进口额 Importações da China	同比（%）Variação homóloga			进出口额 Trocas Comerciais
					进出口 Total	出口 Exportações	进口 Importações	
1	安哥拉 Angola	3,707,121.30	597,627.21	3,109,494.09	3.23	50.73	-2.67	3,591,288.32
2	巴西 Brasil	8,690,086.08	3,492,522.02	5,197,564.06	-3.29	-3.49	-3.15	8,985,574.55
3	佛得角 Cabo Verde	5,122.62	5,122.32	0.30	-16.25	-16.26	1,775.00	6,116.80
4	几内亚比绍 Guiné-Bissau	6,707.85	1,712.24	4,995.61	134.58	45.48	196.91	2,859.52
5	莫桑比克 Moçambique	362,290.93	196,989.65	165,301.28	119.79	64.55	266.37	164,834.89
6	葡萄牙 Portugal	480,210.88	313,724.71	166,486.17	22.88	25.15	18.81	390,804.61
7	东帝汶 Timor-Leste	6,044.78	6,034.79	9.99	26.72	27.57	-74.84	4,770.37
8	圣多美和普林西比 São Tomé e Príncipe	572.82	572.77	0.05	20.03	20.08	-79.71	477.23
	中国对葡语国家进出口合计　Total	13,258,157.26	4,614,305.71	8,643,851.55	0.85	4.91	-1.19	13,146,726.30

信息来源：中国海关总署统计数据

Fonte: Estatísticas dos Serviços de Alfândega da China

Fonte: Fórum para a Cooperação Económica e Comercial entre a China e os Países de Língua Portuguesa (Macau)[3]

Neste contexto, o ensino de PLE tem-se desenvolvido de forma muito rápida. A quantidade de universidades que têm cursos de licenciatura em língua e cultura portuguesa subiu de três (UCC, UEEB e UEIS), localizadas apenas em Beijing e Shanghai, no ano 2000, para duas dezenas localizadas em várias províncias do território chinês, no ano de 2015. Segundo investigação do professor Carlos Ascenso André, do Centro Pedagógico e Científico da Língua Portuguesa do Instituto Politécnico de Macau, atualmente na China continental existem 32 universidades que ministram cursos de português, sendo que 20 oferecem cursos de licenciatura em língua e cultura portuguesa e 12 têm as aulas de português

---

[3] www.forumchinaplp.org.mo/trade-between-china-and-portuguese-speaking-countries-tops-us133-bln-in-2014/?lang=pt

como disciplina opcional. Essas universidades contam com um total de 109 professores do português, sendo 75 chineses e 34 leitores oriundos dos países lusófonos, sobretudo de Portugal e do Brasil. Em relação ao grau académico deste corpo docente, os professores licenciados são cerca de 50 num total de 109, tendo os restantes habilitações a nível de mestrado ou doutoramento, o que aponta para uma percentagem superior a 50%. Também sabemos que existem mais ou menos 1750 alunos que frequentam cursos de licenciatura em língua e cultura portuguesa na China continental. A língua portuguesa tem vindo, assim, a adquirir uma importância crescente.

Graças a um esforço contínuo realizado no decurso destes mais de 50 anos, o ensino de PLE na China continental tem conhecido progressos visíveis a vários níveis dentre os quais se podem salientar os seguintes: a formação de um corpo docente qualificado, contando com vários professores nativos; a aquisição de materiais bibliográficos e didáticos provenientes dos países em que o português é língua oficial; e a implementação de modelos de intercâmbio internacional com vista a propiciar os contactos interculturais. Todavia, o ensino de PLE na China continental enfrenta também vários desafios que têm de ser superados, entre os quais os mais salientes são a falta de materiais didáticos adequados ao público específico sinofalante e a pouca utilização de metodologias comunicativas nas aulas.

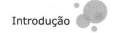

Por isso, a presente dissertação tem como principal objetivo proceder a uma análise dos manuais de PLE usados em cinco universidades chinesas no nível de iniciação (A1/A2 do QECRL[①]) e pretende:

* caracterizar brevemente o contexto do ensino do Português como Língua Estrangeira na China, com principal enfoque no caso das cinco Universidades selecionadas para o estudo de caso;

* refletir sobre a importância e as funções dos manuais nos processos de ensino-aprendizagem de PLE;

* analisar cada um dos manuais selecionados para integrar o corpus da pesquisa;

* comparar os manuais de PLE elaborados em Portugal e na China;

* identificar os pontos fortes e os pontos fracos de cada um dos manuais analisados, tendo em conta o público-alvo específico (alunos chineses universitários);

* fornecer um conjunto de diretrizes que permitam avaliar criticamente e conceber de raiz manuais e outros materiais didáticos adequados ao ensino-aprendizagem de PLE na China;

* observar a importância da utilização adequada de metodologias comunicativas no ensino do PLE na China.

As cinco universidades chinesas selecionadas para integrar este estudo são a Universidade de Comunicação da China, a Universidade de Estudos Internacionais de Beijing, a Universidade de Estudos Internacionais de Tianjin, a Universidade de

---

① O QECRL - Quadro Europeu Comum de Referência para as Línguas: Aprendizagem, ensino, avaliação, de 2001, é um documento do Conselho da Europa, elaborado no âmbito do Projeto Políticas Linguísticas para uma Europa Plurilingue e Multicultural. Para além de apresentar o contexto político e educativo de conceção do documento e de definir linhas de orientação e a abordagem metodológica adotada, o QECR define seis níveis comuns de referência, para três grandes tipos de utilizador: o utilizador elementar, o utilizador independente e o utilizador proficiente.

Línguas Estrangeiras de Dalian e a Universidade de Línguas Estrangeiras de Jilin Huaqiao, as quais usam cinco manuais de PLE diferentes para o nível de iniciação (A1/A2 do QECRL). São esses manuais os seguintes: Aprender Português 1[①], Curso de Português para Chineses 1[②], Português XXI 1[③], Português para Ensino Universitário 1[④] e Português sem Fronteiras 1.[⑤]

[①] OLIVEIRA, Carla; COELHO, Luísa; BALLMANN, Maria José e CASTELEIRO, João Malaca (2012). *Aprender Português 1*, Lisboa: Texto Editores, Lda.

[②] XU, Yixing e ZHANG, Weiqi (2012). *Curso de Português para Chineses 1*, Shanghai: Imprensa de Educação de Línguas Estrangeiras de Shanghai.

[③] TAVARES, Ana (2012). *Português XXI 1*, Lisboa: Lidel – Edições Técnicas, Lda.

[④] YE, Zhiliang (2010). *Português para Ensino Universitário 1*, Beijing: Imprensa de Ensino e Pesquisa de Línguas Estrangeiras.

[⑤] COIMBRA, Isabel e COIMBRA, Olga Mata (2009). *Novo Português Sem Fronteiras 1*, Lisboa: Lidel – Edições Técnicas, Lda.

CAPÍTULO I

Enquadramento Teórico

1.Os Manuais no Ensino de Línguas Estrangeiras

1.1.Em Torno de Uma Definição de Manual Escolar

O "manual escolar" faz parte da nossa vida quotidiana desde que ingressamos na escola e acompanha-nos ao longo de todo o percurso académico, sendo um dos principais instrumentos de trabalho de alunos e professores. Mas o que é um manual escolar, do ponto de vista científico? Como o definir ? Na realidade, o conceito de manual escolar permanece, até hoje, inconcluso, sendo objeto de diversas e múltiplas definições pelos especialistas.

Alain Choppin (1988), propõe a seguinte definição, associando o conceito de manual ao processo de ensino-aprendizagem:

> *(...) par manuel scolaire, nous entendons tout ouvrage imprimé non périodique conçu dans l'intention, plus ou moins explicite ou manifeste suivant les époques, de servir à l'enseignement.(CHOPPIN, 1988: 9)*

De acordo com o autor citado, o manual escolar é uma publicação não periódica, concebida com a intenção de ser utilizada no ensino. Apesar da simplicidade conceptual, esta definição releva uma das características mais importantes de um manual escolar, isto é, o seu uso no contexto do ensino.

António Carrilho Ribeiro (1991) propõe uma definição semelhante, defendendo que o manual é um livro utilizado como suporte do ensino e da aprendizagem, com o objetivo de apresentar os conteúdos fundamentais de uma

qualquer disciplina:

> *(...) entende-se por manuais didácticos os livros ou textos concebidos com a finalidade de apresentar os princípios e conteúdos fundamentais de uma qualquer matéria a ensinar e que se utilizam como suporte do processo de ensino e como veículo de aprendizagem quer em situações de ensino presencial quer à distância. (RIBEIRO, 1991: 281)*

Os dicionários da língua chinesa sublinham igualmente essa caraterística - a utilização no contexto de ensino -, referindo, para além disso, o programa de ensino, o conteúdo ou o âmbito que orientaram a conceção do manual, bem assim como a sistematicidade dos conteúdo da disciplina:

> *Manual escolar é um livro, usado no ensino e preparado de acordo com o programa de ensino, que descreve sistematicamente o conteúdo da disciplina.[1] (tradução da autora)*

> *- Grande Dicionário 《大辞海》(2012)*

Acrescente-se ainda a definição de manual escolar que consta do Decreto-Lei n.° 369/90, de 26 de novembro, da República Portuguesa.

> *(...) entende-se por manual escolar o instrumento de trabalho, impresso, estruturado e dirigido ao aluno, que visa contribuir para o desenvolvimento de capacidades, para a mudança de atitudes e para a aquisição dos conhecimentos propostos nos programas*

---

[1]　教科书：根据教学大纲编定的系统地反映学科内容的教学用书 。

em vigor, apresentando a informação básica correspondente às rubricas programáticas, podendo ainda conter elementos para o desenvolvimento de actividades de aplicação e avaliação da aprendizagem efectuada.[①]

A citação reproduzida não só faz referência ao programa de ensino, como também enfatiza a correspondência que deve existir entre este e o conteúdo apresentado pelo manual escolar, o que assume particular importância no caso do ensino-aprendizagem de PLE para o qual, de forma geral, existem menos documentos reguladores normativos. De facto, em quase todos os países, o ensino-aprendizagem de PLE é fundamentalmente sustentado pelo manual, porquanto este é o principal veículo de transmissão de conhecimentos linguísticos e culturais. O manual desempenha um papel preponderante para a qualidade do ensino e para a eficácia do processo de aprendizagem pelo que, na sua elaboração, importa considerar vários fatores que influenciarão o conteúdo, tais como a língua materna (ou língua(s) conhecida(s)) e a idade do público-alvo, o tipo de abordagem, os temas tratados, o léxico, a metodologia a adotar, entre outros fatores.

A definição contida no Decreto-Lei n.º 369/90 salienta ainda a possibilidade de o manual incluir atividades de avaliação, que fazem parte do processo de ensino-aprendizagem e são momentos significativos quer para o professor, quer para o aluno.

Em resumo, um manual escolar é um instrumento impresso, intencionalmente estruturado para se inscrever num processo de ensino-aprendizagem, o qual contém o mínimo de conteúdos impostos pelos programas educativos nacionais

---

①   Artigo 2.º do Decreto-Lei n.º 369/90, de 26 de novembro.

ou, na inexistência destes, os conteúdos tidos como mais relevantes relativamente a uma dada área de saber, de acordo com o nível e a faixa etária a que o manual se dirige.

No âmbito da presente dissertação, consideraremos o manual escolar de PLE dirigido às licenciaturas em Língua Portuguesa como uma ferramenta de ligação à língua e à cultura portuguesa, assumindo um papel muito importante no processo do ensino-aprendizagem e na consecução das metas dos programas.

1.2.Breve História dos Manuais para o Ensino de Línguas Estrangeiras

O ensino de línguas estrangeiras tem uma história de mais de 2000 anos que remonta à Grécia Antiga e, durante este percurso, os manuais de apoio passaram por várias renovações. A evolução dos manuais foi influenciada pelas teorias de ensino de Línguas Estrangeiras, especialmente pelas metodologias e pela didática. Em contexto chinês, Wang Jinjun e Feng Zhengjun (2009) identificam quatro fases na evolução dos manuais: o manual-seleta, isto é, contendo coleções de textos literários; o manual-gramática, ou seja, privilegiando os conteúdos relacionados com o sistema gramatical; o manual áudio-oral, contendo propostas para o conhecimento da língua oral; e o manual comunicativo (WANG JINJUN e FENG ZHENGJUN, 2009: 67-71).

O manual-seleta, o primeiro a surgir para o ensino de línguas estrangeiras, era simplesmente composto por excertos de uma ou várias obras literárias consideradas representativas de uma dada língua ou cultura. Por exemplo, no período do Império Romano, eram usados trechos da epopeia homérica e de outras obras clássicas de autores gregos como manuais de base para o ensino da língua grega.

Mais tarde, com o desenvolvimento da tradução, os pedagogos reconheceram a importância de explicitar e sistematizar as regras gramaticais no ensino-aprendizagem de uma língua estrangeira. Assumiu-se assim uma abordagem gramatical e as regras de gramática não só foram inseridas nos manuais, como se tornaram o seu principal conteúdo. Surgiu assim uma segunda geração de manuais, os manuais-gramática.

A partir de finais do século XIX, o comércio internacional conheceu um grande desenvolvimento, conduzindo a uma maior procura de profissionais com capacidades linguísticas ao nível da interpretação e da produção oral. As metas de ensino de línguas estrangeiras mudaram de paradigma, face a este contexto, surgindo uma abordagem audio-oral e a respetiva adequação dos conteúdos dos manuais. A invenção e banalização do gravador, das cassetes, do rádio e dos laboratórios no ensino de línguas estrangeiras impulsionou o desenvolvimento de manuais com conteúdo oral, catapultando-os para o primeiro lugar no mercado.

Nos anos 70 do século XX, no sentido de ultrapassar as limitações do ensino de línguas estrangeiras através do método audio-oral, o qual estava geralmente associado a uma abordagem demasiado estruturalista das línguas, os linguistas realizaram várias experiências, passando a a dar prioridade ao desenvolvimento das competências comunicativas do aluno. Neste seguimento, nasceu a abordagem comunicativa, que resultou em novos manuais com conteúdos adequados a essa nova abordagem (WANG JINJUN e FENG ZHENGJUN, 2009: 68).

Cristina Avelino (1999) traça uma história da evolução do manual para o ensino de línguas estrangeiras em moldes muito semelhante:

(...) le manuel scolaire de la méthodologie traditionnelle était essentiellement um recueil de textes littéraires, la méthodologie directe a vu l'attivée de manuels ressemblant plutôt à des catalogues

d'objets et de lieux accompagnés de tout un dispositif pédagogique destiné à l'enseignant.(...) À partir des années 70, ont surgi ce que l'on a appelé des méthodes validées par des théories de référence. Ces méthodes prenaient la forme d'un ensemble pédagogique plus complexe faisant appel à divers auxiliaires pour l'élève et le professor et des moyens audiovisuels (AVELINO, 1999: 81).

Com o desenvolvimento do ensino de línguas estrangeiras, o manual tem conhecido uma evolução contínua, em concordância com as teorias do desenvolvimento humano (desenvolvimento da linguagem, desenvolvimento físico e mental, desenvolvimento intelectual e de vida), com o desenvolvimento das teorias linguísticas e com as alterações ocorridas a nível da pedagogia em geral e da didática das línguas estrangeiras, em particular.

1.3. Tipologia e Classificação dos Manuais

Para a elaboração de um manual, é necessário considerar vários fatores, tais como: os objetivos do curso a que o manual se destina, o tipo de abordagem e a metodologia a adotar, os temas a tratar, o léxico, os conteúdos gramaticais, os tipos de texto, a variedade de exercícios, entre outros; é igualmente importante considerar as características do público-alvo, nomeadamente a(s) língua(s) materna(s) (ou língua(s) conhecida(s)), o contexto sociocultural, a idade, etc. Para além dos critérios científico-pedagógicos referidos acima, o editor e o autor pensam também o manual como um produto editorial e comercial, considerando as necessidades do mercado e os tipos de manuais já existentes.

Como, pois, classificar os manuais didáticos? Que critérios devem ser privilegiados para proceder a tal classificação? Deve ela basear-se nos objetivos da aprendizagem, nos conteúdos do manual, na abordagem privilegiada ou no público-alvo?

François-Marie Gérard e Xavier Roegiers (1998: 88) distinguem duas grandes categorias de manuais: os manuais fechados e os manuais abertos. Os primeiros incluem todos os elementos necessários à aprendizagem, incentivam o saber-redizer e o saber-refazer, privilegiando uma aprendizagem de tipo reprodutivo. Nos antípodas, os manuais abertos estimulam a interação, incentivando e formando a capacidade cognitiva de saber-fazer, ao invés de incentivarem a mera repetição.

Em comparação com os manuais fechados, que são mais seguros para o professor, os manuais abertos oferecem menos segurança, mas mais espaço para a comunicação, para a flexibilidade e para a criatividade. Consequentemente, o professor terá de adotar uma abordagem comunicativa, necessitando para tal de maior conhecimento e experiência profissional.

Existem manuais tão variados, que não é possível enquadrá-los numa norma ou critério únicos. No entanto, recuperando as definições de manual já anteriormente discutidas neste trabalho, podem-se apontar as seguintes características básicas a que os manuais devem obedecer:

i.Incluir conteúdos lexicais, gramaticais e socioculturais em proporções equilibradas e articulados entre si;

ii.desenvolver as quatro capacidades linguísticas básicas associadas ao domínio de línguas vivas: compreensão auditiva e leitura; de produção/interacção oral e escrita;

iii.expor os conceitos de forma progressiva, e de acordo com os documentos legais reguladores das práticas de ensino-aprendizagem de cada língua;

iv.incluir exercícios de treino e momentos de avaliação da aprendizagem.

2. O Manual de Língua Estrangeira no Processo de Ensino-Aprendizagem

2.1. As Funções do Manual no Ensino-Aprendizagem de Línguas Estrangeiras

O manual influencia enormemente a qualidade e a eficácia do ensino e da aprendizagem, pelo que, como já antes se disse, a sua conceção pondera ou considera vários fatores, tais como a língua materna (ou língua conhecida) e a idade do público-alvo, o tipo de abordagem, os temas a tratar, o léxico ou a metodologia a adotar.

Existe ainda hoje a ideia de que um bom material didático pode garantir um bom ensino-aprendizagem. Enquanto instrumento de apoio ao ensino, o manual, ao seguir orientações programáticas de forma estruturada e organizada, auxilia o professor a determinar o conteúdo, os métodos e a avaliação do ensino, sendo para além disso um meio de autoformação para professores mais inexperientes ou que não possuam uma formação adequada.

Atualmente, o manual vem habitualmente acompanhado de um livro do professor, que inclui soluções dos exercícios que constam do livro do aluno, bem como sugestões didáticas sobre utilização do manual e a exploração das atividades. Tudo isto fornece ao professor inspiração e orientação.

Ao mesmo tempo, o manual funciona também como orientador da aprendizagem do aluno que, com a sua ajuda, realiza mais facilmente a aprendizagem linguística, adquire conhecimento sobre o(s) país(es) da língua-alvo a partir de diversos aspetos culturais - aspetos da história e da geografia do país, hábitos e tradições nacionais, gastronomia, arte, cinema, música, dança, teatro, desporto, etc. – e desenvolve capacidades de compreensão e de produção linguística e as suas competências comunicativas.

Como Ana Tavares (2008: 45) refere na obra intitulada Ensino/Aprendizagem do Português como Língua Estrangeira, o manual de língua estrangeira tem várias funções, enquanto suporte do ensino-aprendizagem:

"(...) Poderemos, então, apresentar algumas das funções de um manual de língua estrangeira, partindo do princípio de que se encontra adequado ao público-alvo:

* apoio no processo de ensino/aprendizagem;

* transmissão de conhecimento da língua, com objetivos funcionais e comunicativos;

* transmissão dos aspetos sociais e culturais mais relevantes, relativos a um povo;

* transmissão da imagem o mais real possível de um país, evitando estereótipos;

* desenvolvimento equilibrado de capacidades e competências;

* consolidação e avaliação das aquisições;

* ajuda na integração das aquisições;

* preparação dos aprendentes para actos reais de fala;

* incentivo do uso efetivo da língua e da interacção no espaço de aula e fora dela.

2.2.A importância dos Manuais para o Desenvolvimento de Competências Comunicativas

A cooperação e o intercâmbio internacional têm-se vindo a intensificar em áreas tão abrangentes como a área comercial, financeira, industrial, cultural, política, científica, entre outras igualmente fundamentais. Neste processo, a compreensão, a comunicação, a tolerância e o respeito pelo outro desempenham um papel determinante. Aprender uma língua estrangeira implica conhecer um novo país onde é falada a língua-alvo, promovendo a compreensão e a comunicação.

Segundo o Quadro Europeu Comum de Referência para as Línguas (QECRL), o aprendente adquire uma competência na língua-alvo através de um processo de ensino-aprendizagem que o habilite a comunicar com os falantes nativos dessa língua, desenvolvendo as quatro competências comunicativas tanto a nível da compreensão como da produção linguística. Para atingir tais objetivos, torna-se necessário adaptar o ensino-aprendizagem às novas necessidades de comunicação. Neste contexto, a abordagem comunicativa ganha preponderância, ao potenciar as competências comunicativas dos aprendentes.

Ao contrário dos métodos tradicionais, a abordagem comunicativa valoriza a oralidade e a interação no ensino-aprendizagem, ou seja, presta mais atenção ao adequado uso da língua-alvo em contexto. Os manuais podem, em contexto de ensino-aprendizagem, ajudar a conhecer e a dominar o aspeto funcional da língua e constituir um espaço de comunicação para os professores e os aprendentes. Através da seleção de temas, textos, tarefas e exercícios variados, próximos da realidade, estes simulam situações de comunicação real para os aprendentes, permitindo também realizar o ensino de forma flexível e comunicativa para os professores, proporcionando assim uma comunicação autêntica.

No entanto, no presente, os manuais continuam a sobrevalorizar a estrutura gramatical ou o sistema formal da língua, incluindo abundantes exercícios estruturais, em especial no mercado chinês, apesar de se reconhecer já a importância da abordagem comunicativa para desenvolver mais que uma mera competência linguística, mas a competência comunicativa dos alunos.

2.3. A Importância dos Manuais para a Transmissão de Conteúdos Linguísticos e Culturais

A língua e a cultura são indissociáveis, na medida em que a língua é um fenómeno cultural. Neste contexto, a transmissão dos aspetos sociais e culturais da língua estrangeira é decisiva nos manuais. Maria José Frias sublinha, no seu artigo "Pedagogia Intercultural e Formação de Professores de Português, Língua Estrangeira", a importância da relação entre língua e cultura:

> *Ensinar a cultura na língua é reconhecer que a língua é uma prática social, que enunciado, destinador e destinatário não são neutros, que através das línguas e dos seus usos se manifestam realidades socioculturais, se estabelecem relações.*

> *O ensino da língua conduz-nos ao centro das realidades culturais e pode ajudar cada aprendente a reduzir a margem de incompreensão entre ele e outros cuja língua e cultura são diferentes. (FRIAS, 1991: 447)*

Enquanto suporte útil e didático, o manual para o ensino de uma língua

estrangeira deve acrescentar ao conteúdo linguístico aspetos culturais e sociais da(s) comunidade(s) onde a língua é falada. Ou seja, um manual pode e deve refletir a cultura do país ou países da língua-alvo, os seus hábitos, as suas tradições, a sua história, estimulando o desenvolvimento das competências comunicativas e interculturais do aprendente.

O Quadro Europeu Comum de Referência para as Línguas realça igualmente a importância do conhecimento da sociedade e da cultura estrangeira para o aprendente de línguas:

> *Estritamente falando, o conhecimento da sociedade e da cultura da(s) comunidade(s) onde a língua é falada é um dos aspectos do conhecimento do mundo. É, no entanto, suficientemente importante para merecer uma atenção especial, uma vez que, ao contrário de muitos outros aspectos do conhecimento, parece provável que este conhecimento fique fora da experiência prévia do aprendente e seja distorcido por estereótipos.(QECRL, 2001:148)*

O QECRL lista vários aspetos característicos de uma determinada sociedade europeia e da sua cultura que podem ser abordados pelos manuais, destacando, no entanto, que a organização dos temas, subtemas e noções específicas depende das decisões dos autores em função da sua avaliação das necessidades comunicativas dos aprendentes:

* A vida quotidiana, nomeadamente hábitos gastronómicos, etiqueta à mesa, horários e hábitos de trabalho, feriados, atividades dos tempos livres.

* Características sociais como o nível de vida, as condições de habitação ou a cobertura da segurança social.

As relações interpessoais, incluindo as de poder e solidariedade, por exemplo, em relação à estrutura social e relações entre classes, igualdade ou desigualdade de género, estruturas e relações familiares, relações intergeracionais, relações no trabalho; relações entre público e polícia ou outros organismos públicos, relações entre comunidades e raças; relações entre grupos políticos e religiosos.

* Os valores, as crenças e as atitudes em relação a fatores como classe social, grupos socioprofissionais, riqueza, culturas regionais, segurança, instituições, tradição e mudança social, história, minorias étnicas ou religiosas, identidade nacional, países estrangeiros, Estados, povos, política, artes, religião, humor (as possibilidades multiplicam-se).

* A linguagem corporal: o conhecimento das convenções que regem os comportamentos deste tipo constitui uma competência sociocultural do utilizador/ aprendente.

* As convenções sociais, por exemplo, no que respeita à hospitalidade (dar e receber), o que pode incluir pormenores como pontualidade, presentes, roupa, refeições, convenções, tabus da conversação e do comportamento, duração da visita, modo de sair/de se despedir.

* Os comportamentos rituais em áreas como: prática religiosa e ritos, nascimento, casamento e morte, comportamentos do auditório e do espectador em espetáculos públicos e cerimónias, celebrações, festivais, bailes, discotecas, etc..

Todas estas vertentes podem ser incluídas no manual desde que adequadas às competências linguísticas do aprendente. Geralmente, no nível elementar, o domínio linguístico e lexical do aprendente é limitado, pelo que os temas culturais serão necessariamente mais simples, relacionados com aspetos da vida quotidiana. Nos níveis avançados, o aprendente terá um pouco mais de facilidade em apreender um tema cultural complexo envolvendo as relações interpessoais, os valores ou as crenças.

Mas de que forma poderá o manual transmitir os aspetos culturais e sociais? Como mostrar aos aprendentes a cultura estrangeira, de uma forma representativa? Em obra já anteriormente citada, Ana Tavares descreve várias opções.

> *(...) um manual que inclua uma grande quantidade de documentos autênticos, permitirá que o aprendente tenha acesso a uma representação mais diversificada do país da língua-alvo. Quando falamos de documentos autênticos, estamos a incluir não só textos sob a forma gráfica, mas igualmente sob a forma iconográfica: artigos de imprensa (adaptados ou não), inquéritos, estudos estatísticos, diagramas, todo o tipo de publicidade, banda desenhada, previsão meteorológica, programação televisiva, cartazes de cinema, resumos de filme, receitas de culinária, bilhetes, mapas, plantas de cidade ou de metro, fotografias, etc. (TAVARES, 2008: 44)*

Deste modo, o aprendente poderá conhecer o(s) país(es) da língua-alvo de uma forma imparcial, formando as suas próprias opiniões e não sendo influenciando pela visão do autor ou do professor. Isto conduz a uma tomada de consciência intercultural, que inclui a consciência da diversidade regional e social dos dois mundos ("o mundo de onde se vem" e "o mundo da comunidade-alvo"), que ajuda a colocar ambas as culturas em contexto.

3. Os Manuais e o Quadro Europeu Comum de Referência para as Línguas (QECRL)

Como oportunamente se referiu, o Quadro Europeu Comum de Referência para as Línguas é um documento do Conselho da Europa, elaborado no âmbito do projeto Políticas Linguísticas para uma Europa Plurilingue e Multicultural, com vários objetivos e funções:

O Quadro Europeu Comum de Referência para as Línguas (QECRL) fornece uma base comum para a elaboração de programas de línguas, linhas de orientação curriculares, exames, manuais, etc., na Europa. Descreve exaustivamente aquilo que os aprendentes de uma língua têm de aprender para serem capazes de comunicar nessa língua e quais os conhecimentos e capacidades que têm de desenvolver para serem eficazes na sua actuação. A descrição abrange também o contexto cultural dessa mesma língua. O QECRL define, ainda, os níveis de proficiência que permitem medir os progressos dos aprendentes em todas as etapas da aprendizagem e ao longo da vida. (QECRL, 2001:19)

De acordo com a informação introdutória do documento que acaba de ser citada, é possível aferir da importância do QECRL para a regulação das práticas de ensino-aprendizagem de línguas estrangeiras porquanto nele se encontram diretrizes concernentes à elaboração de programas de línguas, a todos os aspetos que os aprendentes deverão aprender e às competências que terão de desenvolver durante a aprendizagem de uma língua; nele também são definidos os níveis de

proficiência exigidos pelas normas existentes ou pelos exames que facilitam a comparação entre diferentes sistemas de certificação; nele se encontram ainda diretrizes sobre a conceção de manuais e de provas de avaliação que permitam desenvolver e monitorizar os processos de ensino-aprendizagem de línguas estrangeiras.

Segundo o QECRL, parece existir um consenso generalizado (ainda que não universal), de que o professor deve organizar atividades apropriadas aos níveis de aprendizagem e de proficiência linguística. Neste contexto, é pertinente apresentar o Esquema Descritivo e os Níveis Comuns de Referência, definidos pelo QECRL, antes de se avançar para a análise dos manuais escolares os quais devem, necessariamente, estar de acordo os descritores de cada nível para assim cumprirem a sua função de auxiliares da aprendizagem. No quadro 2 apresentam-se e definem-se os vários níveis de aprendizagem de línguas segundo o documento normativo que tem vindo a ser referido.

Quadro 2 - Níveis Comuns de Referência: escala global

Utilizador proficiente	C2	É capaz de compreender, sem esforço, praticamente tudo o que ouve ou lê. É capaz de resumir as informações recolhidas em diversas fontes orais e escritas, reconstruindo argumentos e factos de um modo coerente. É capaz de se exprimir espontaneamente, de modo fluente e com exatidão, sendo capaz de distinguir finas variações de significado em situações complexas.
	C1	É capaz de compreender um vasto número de textos longos e exigentes, reconhecendo os seus significados implícitos. É capaz de se exprimir de forma fluente e espontânea sem precisar de procurar muito as palavras. É capaz de usar a língua de modo flexível e eficaz para fins sociais, académicos e profissionais. Pode exprimir-se sobre temas complexos, de forma clara e bem estruturada, manifestando o domínio de mecanismos de organização, de articulação e de coesão do discurso.

Utilizador independente	B2	É capaz de compreender as ideias principais em textos complexos sobre assuntos concretos e abstratos, incluindo discussões técnicas na sua área de especialidade. É capaz de comunicar com um certo grau de espontaneidade e de à-vontade com falantes nativos, sem que haja tensão de parte a parte. É capaz de exprimir-se de modo claro e pormenorizado sobre uma grande variedade de temas e explicar um ponto de vista sobre um tema da atualidade, expondo as vantagens e os inconvenientes de várias possibilidades.
	B1	É capaz de compreender as questões principais, quando é usada uma linguagem clara e estandardizada e os assuntos lhe são familiares (temas abordados no trabalho, na escola e nos momentos de lazer, etc.). É capaz de lidar com a maioria das situações encontradas na região onde se fala a língua-alvo. É capaz de produzir um discurso simples e coerente sobre assuntos que lhe são familiares ou de interesse pessoal. Pode descrever experiências e eventos, sonhos, esperanças e ambições, bem como expor brevemente razões e justificações para uma opinião ou um projeto.
Utilizador elementar	A2	É capaz de compreender frases isoladas e expressões frequentes relacionadas com áreas de prioridade imediata (p. ex.: informações pessoais e familiares simples, compras, meio circundante). É capaz de comunicar em tarefas simples e em rotinas que exigem apenas uma troca de informação simples e direta sobre assuntos que lhe são familiares e habituais. Pode descrever de modo simples a sua formação, o meio circundante e, ainda, referir assuntos relacionados com necessidades imediatas.
	A1	É capaz de compreender e usar expressões familiares e quotidianas, assim como enunciados muito simples, que visam satisfazer necessidades concretas. Pode apresentar-se e apresentar outros e é capaz de fazer perguntas e dar respostas sobre aspetos pessoais como, por exemplo, o local onde vive, as pessoas que conhece e as coisas que tem. Pode comunicar de modo simples, se o interlocutor falar lenta e distintamente e se mostrar cooperante.

Fonte: Conselho da Europa (2001). Quadro Europeu Comum De Referência Para As Línguas – Aprendizagem, Ensino, Avaliação. Porto: ASA Editores II, S.A., p. 49.

O Quadro 2 resume, em traços gerais, o conjunto de descritores que configuram o perfil correspondente a cada um dos Níveis Comuns de Referência por meio de uma apresentação global e simplificada, oferecendo ainda algumas linhas de orientação quer para quem concebe currículos e programas, quer para os próprios professores.

No entanto, para guiar as atividades do ensino e de aprendizagem, aprendentes, professores e outros interessados necessitam de informação mais pormenorizada, que concretize o tipo de conhecimentos a adquirir e de competências a desenvolver pelos aprendentes em cada nível de proficiência, e tendo em conta as diversas habilidades associadas ao domínio de uma dada língua

A presente dissertação visa analisar os manuais de PLE de iniciação (A1/A2 do QECRL), pelo que centraremos a nossa atenção nesses níveis.

O Quadro 3 reproduz o instrumento de autoavaliação do nível A1/A2, proposto pelo QECRL, o qual pretende ajudar os aprendentes a conhecerem as suas próprias capacidades linguísticas e a autoavaliarem o seu nível de proficiência. A grelha poderá ser igualmente útil para os professores, sobretudo os que trabalham fora da Europa e não dispõem de um sistema de certificação de proficiência que permita determinar o nível dos alunos, ajude a definir os materiais didáticos mais adequados e a organizar as atividades de ensino correspondentes.

Quadro 3 - Grelha para a Autoavaliação (A1-A2)

		A1	A2
Compreender	Compreensão do oral	Sou capaz de reconhecer palavras e expressões simples de uso corrente relativas a mim próprio, à minha família e aos contextos em que estou inserido, quando me falam de forma clara e pausada.	Sou capaz de compreender expressões e vocabulário de uso mais frequente relacionado com aspetos de interesse pessoal como por exemplo família, compras, trabalho e meio em que vivo. Sou capaz de compreender o essencial de um anúncio e de mensagens simples, curtas e claras.
	Leitura	Sou capaz de compreender nomes conhecidos, palavras e frases muito simples, por exemplo, em avisos, cartazes ou folhetos.	Sou capaz de ler textos curtos e simples. Sou capaz de encontrar uma informação previsível e concreta em textos simples de uso corrente, por exemplo, anúncios, folhetos, ementas, horários. Sou capaz de compreender cartas pessoais curtas e simples.
Falar	Interação oral	Sou capaz de comunicar de forma simples, desde que o meu interlocutor se disponha a repetir ou dizer por outras palavras, num ritmo mais lento, e me ajude a formular aquilo que eu gostaria de dizer. Sou capaz de perguntar e de responder a perguntas simples sobre assuntos conhecidos ou relativos a áreas de necessidade imediata.	Sou capaz de comunicar em situações simples, de rotina do dia-a-dia, sobre assuntos e atividades habituais que exijam apenas uma troca de informação simples e direta. Sou capaz de participar em breves trocas de palavras, apesar de não compreender o suficiente para manter a conversa.

(Continued)

			Sou capaz de utilizar uma série de expressões e frases para falar, de forma simples, da minha família, de outras pessoas, das condições de vida, do meu percurso escolar e do meu trabalho atual ou mais recente.
	Produção oral	Sou capaz de utilizar expressões e frases simples para descrever o local onde vivo e pessoas que conheço.	
Escrever	Escrita	Sou capaz de escrever um postal simples e curto, por exemplo, na altura das férias. Sou capaz de preencher uma ficha com dados pessoais, por exemplo, num hotel, com nome, morada, nacionalidade.	Sou capaz de escrever notas e mensagens curtas e simples sobre assuntos de necessidade imediata. Sou capaz de escrever uma carta pessoal muito simples, por exemplo, para agradecer alguma coisa a alguém.

Fonte: Conselho da Europa (2001). ob. cit., p. 53.

A grelha reproduzida constitui um importante auxiliar quer para os alunos, quer para os professores, quer ainda para outros agentes envolvidos no processo de ensino-aprendizagem de línguas estrangeiras.

Assim, ela funciona como um indicador que pode guiar o professor nas atividades que prepara, ao mesmo tempo que serve de referencial para os alunos avaliarem as aquisições que vão obtendo.

Por outro lado, os critérios estabelecidos para desenhar o perfil do aprendente de qualquer dos níveis do QECRL, no que concerne as competências de compreensão do oral, de leitura, de interação oral, de produção oral e de escrita, são também um indicador básico a ter em conta pelos autores de manuais para o ensino-aprendizagem das línguas.

4. Os Manuais de PLE na China Continental

Pese embora o ensino de português como língua estrangeira (PLE) na China continental ter começado na década de 60 do século XX, apenas duas décadas depois, em 1985, apareceu a primeira publicação chinesa para o ensino de PLE, denominada "A Pronúncia da Língua Portuguesa", da autoria da professora Wang Suoying. Antes do ano 2000, foram publicados apenas oito manuais para o ensino de PLE; entre 2000 e 2015, foram editados e publicados 40. Naturalmente, podem-se distinguir duas fases na edição de manuais para o ensino de PLE na China continental: antes do ano de 2000, o mercado das publicações desenvolveu-se muito lentamente, verificando-se um crescimento rápido a partir de então, que correspondeu ao desenvolvimento do ensino de PLE no país.

Presentemente existem 48 publicações sobre a Língua Portuguesa na China continental, entre as quais se incluem 10 dicionários, seis manuais referentes a questões de gramática, duas publicações focando questões de fonética, duas de tradução, uma de leitura, uma de composição, três manuais técnicos sobre ferrovias, medicina e economia, 18 publicações destinadas à prática da oralidade e cinco manuais didáticos orientados para o nível universitário. No quadro 4 e no gráfico 1 apresentam-se todas as publicações existentes para o ensino de PLE na China continental e respetiva distribuição por áreas.

Quadro 4 - Publicações sobre Língua Portuguesa Publicadas na China Continental

Nº	Título	Autor	Editora	Ano
1	A Pronúncia da Língua Portuguesa 葡萄牙语语音	Wang Suoying	Shanghai Foreign Language Education Press	1985
2	Conversação Chinês−Português−Inglês 中葡英会话大全	Li Minglun	Editora de Educação de Liaoning	1993
3	Dicionário Conciso Português−Chinês 简明葡汉词典	Zhou Hanjun, Wang Zengyang, Zhao Hongling, Cui Weixiao	The Commercial Press	1994
4	Manual de Tradução de Nomes Portugueses 葡萄牙语姓名译名手册	Gabinete de Tradução de Nomes da Agência de Notícias Xinhua	The Commercial Press	1995
5	Português 300 Frases 葡萄牙语三百句	Wang Hongyu, Wang Haixiang	Peking University Press	1997
6	Dicionário Conciso Chinês−Português 葡萄牙语语法	Wang Suoying, Lu Yanbin	Shanghai Foreign Language Education Press	1997
7	Gramática Concisa da Língua Portuguesa 简明葡萄牙语语法	Cai Ziyu	The Commercial Press	1998
8	Gramática da Língua Portuguesa 葡萄牙语语法	Wang Suoying, Lu Yanbin	Shanghai Foreign Language Education Press	1999
9	Dicionário Prático de Verbos e suas Regências; Conversação Português−Chinês 葡语实用动词搭配词典及葡汉会话	Wang Fushan	Editora de Hainan	2000
10	Dicionário Português−Chinês 葡汉词典	Li Junbao e outros	The Commercial Press	2001

(Continued)

№	Título	Autor	Editora	Ano
11	Collins Pocket Portuguese Dictionary (Portuguese−English English−Portuguese) 柯林斯袖珍葡英英葡词典	Whitlam, J. (Grã−Bretanha)	Shanghai Foreign Language Education Press (by arrangement with HarperCollins Publishers Limited)	2002
12	Glossário Chinês−Português de Termos Usuais 汉葡常用词汇	Li Junbao, Huang Huixian, Zhou Yaming	Foreign Language Press	2002
13	Português Turístico 旅游葡萄牙语	Wang Hongyu	Peking University Press	2003
14	Manual de Correspondência e Documentação 葡萄牙语应用文	Zhang Li	Shanghai Foreign Language Education Press	2004
15	Português 100 Frases 葡萄牙语 100 句	Xu Yixing	Shanghai Foreign Language Education Press	2005
16	100 Fases Práticas de Português 实用葡萄牙语 100 句	Yao Jingming	World Publishing Corporation	2006
17	Português num Instante 速成葡萄牙语	Ye Zhiliang, Zhao Hongling	Foreign Language Teaching and Research Press	2007
18	Dicionário Universitário com Sinónimos 葡萄牙语大学词汇及同义词	Liu Yi	Editora de Ciência e Tecnologia de Shandong	2007
19	Fonética de Português 葡萄牙语语音	Xu Yixing, Zhang Weiqi	Editora Audiovisual de Línguas Estrangeiras de Shanghai	2008
20	Temas Económico−Comerciais em Português 经贸葡语	Ye Zhiliang	Foreign Language Teaching and Research Press	2008
21	Dicionário Temático Português−Chinês−Inglês 葡萄牙语词汇分类学习小词典	Liu Yi	Beijing Language and Culture University Press	2008
22	Diálogos Práticos em Português 葡萄牙语实用会话	Zhang Li	The Commercial Press	2009

(Continued)

№	Título	Autor	Editora	Ano
23	Manual Prático de Morfologia da Língua Portuguesa 实用葡萄牙语词法教程	Yu Xiang	Foreign Language Teaching and Research Press	2009
24	Português para o Ensino Universitário 1 大学葡萄牙语 1	Ye Zhiliang	Foreign Language Teaching and Research Press	2009
25	Grande Gramática Portuguesa Explicada 葡萄牙语语法大全	Li Fei	Foreign Language Teaching and Research Press	2010
26	Português para o Ensino Universitário 2 大学葡萄牙语 2	Ye Zhiliang	Foreign Language Teaching and Research Press	2010
27	Glossário Ferroviário Chinês–Português e Português–Chinês 汉葡葡汉铁路常用词汇	China Railway Eryuan Engineering Group Co., Ltd.	China Railway Publishing House	2010
28	Curso Conciso da Língua Portuguesa 1 葡萄牙语简明教程（上）	Yuan Aiping	Shanghai Foreign Language Education Press	2010
29	Dicionário Visual 葡萄牙语主题分类图解词典	Armandina Maia, Beatriz Borges, En Shang	Beijing Language and Culture University Press	2011
30	Leitura em Português 1 葡萄牙语阅读教程 1	Zhao Hongling	Foreign Language Teaching and Research Press	2011
31	Falar Português desde o Zero 零起点轻松说葡萄牙语	Liang Ce, Manuel Moura	Editora Yuhang da China	2011
32	Português–Conversação num Instante 葡萄牙语 – 应急口语通	Peng Liming, Liu Yan	Tianjin University Press	2011
33	BBC Português BBC 标准葡萄牙语口语句典 + 常用词词典	Philippa Goodrich (Grã–Bretanha)	Beijing Language and Culture University Press	2011
34	Tradução Português–Chinês Teoria e Prática 葡汉翻译理论与实践	Yu Xiang	Foreign Language Teaching and Research Press	2011
35	Português para as Equipas Médicas Chinesas 援外医疗队葡萄牙语培训教材	Ding Baonian	Sichuan University Press	2012

(**Continued**)

№	Tí tulo	Autor	Editora	Ano
36	Curso Conciso da Lí ngua Portuguesa 2 葡萄牙语简明教程（下）	Yuan Aiping	Shanghai Foreign Language Education Press	2012
37	Curso de Portuguê s para Chineses 1 葡萄牙语综合教程 1	Xu Yixing, Zhang Weiqi	Shanghai Foreign Language Education Press	2012
38	Curso de Portuguê s para Chineses 2 葡萄牙语综合教程 2	Xu Yixing, Zhang Weiqi	Shanghai Foreign Language Education Press	2012
39	Manual Prá tico de Portuguê s 实用葡萄牙语教程	Zhang Minfen	World Publishing Corporation	2012
40	Portuguê s Elementar 葡萄牙语金牌入门，看完这本就能说!	Xu Yixing, Gu Wenjun	Editora de Yuhang da China	2013
41	Guia da Gramá tica Portuguesa 葡萄牙语语法一点通	Zhang Li	Shanghai Foreign Language Education Press	2013
42	Curso de Portuguê s para Chineses 3 葡萄牙语综合教程 3	Xu Yixing, Zhang Weiqi	Shanghai Foreign Language Education Press	2014
43	Falar... Ler... Escrever Portuguê s 走遍巴西	Ye Zhiliang Zhang Jianbo	Foreign Language Teaching and Research Press	2014
44	Vamos Falar Portuguê s 零起点 1 秒说葡萄牙语	Zhang Weiqi	Editora de Yuhang da China	2014
45	Aprender Portuguê s do Zero 零起点葡萄牙语	Yan Qiaorong, Liliana Gonçalves	China Machine Press	2015
46	Todos os Dias um Pouco de Portuguê s 葡萄牙语天天练	Schafer (Alemão) Duladu (Alemão) Qian Chunchun	Shanghai Foreign Language Education Press	2015
47	Aná lise Comparativa de Estrutura Sintá ctica entre Lí nguas Chinesa e Portuguesa 汉葡句法结构对比研究	Xia Ying	Shanghai Foreign Language Education Press	2015
48	Dicioná rio Comparado dos Ditos Populares e Prové rbios Brasileiros e Chineses 巴西中国俗语谚语对照词汇	Lin Changzhao Li Miaona	Central China Normal University Press	2015

Fonte: Elaboração própria.

A maior parte das publicações enunciadas foi concebida para públicos generalistas ou mesmo para serem utilizadas por autodidatas, não sendo especificamente adequadas para alunos universitários. Só cinco dos manuais referidos - Português para o Ensino Universitário 1 e 2, elaborado por professores da Universidade de Estudos Estrangeiros de Beijing (UEEB), e Curso de Português para Chineses 1, 2 e 3 preparado pelos professores da Universidade de Estudos Internacionais de Shanghai (UEIS) -, estão adaptados aos programas de Licenciatura de PLE, apresentando conteúdos programáticos sistematizados de acordo com o disposto pelos currículos e contendo também exercícios de aplicação e de avaliação das aprendizagens (importantíssimos no ensino de PLE). Estes dois métodos são adotados pela maior parte das universidades que têm licenciaturas em língua e cultura portuguesa. Uma vez que estes livros não são suficientes para fazer face às necessidades dos currículos de todo o curso, são também usados outros manuais portugueses e brasileiros (Aprender Português, Português XXI, Português sem Fronteiras, etc.), nas diferentes disciplinas ou até na mesma disciplina.

Gráfico 1 - Publicações sobre Língua Portuguesa Publicadas na China Continental

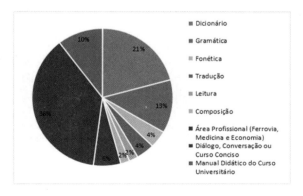

Fonte: Elaboração própria.

Os manuais chineses são, regra geral, fechados e tendem a privilegiar uma aprendizagem passiva. Os manuais portugueses, pelo contrário, estimulam mais o desenvolvimento da capacidade comunicativa, ou seja, o saber-fazer cognitivo.

Na presente dissertação, analisaremos os manuais de PLE usados em cinco universidades chinesas no nível de iniciação, três portugueses e dois chineses: Aprender Português 1, Português sem Fronteiras 1, Português XXI 1, Português para Ensino Universitário 1 e Curso de Português para Chineses 1. Para complementar a nossa análise crítica, realizaremos também questionários a alunos e professores, cujas perceções trataremos de forma estatística e interpretativa. Tal tarefa será apresentada no segundo capítulo desta dissertação, dedicado ao estudo empírico.

CAPÍTULO II

Estudo Empírico

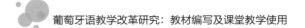

1. Tipo de Investigação Realizada: Um Estudo de Caso

O estudo de caso é uma das muitas abordagens metodológicas de investigação em ciências sociais, utilizada quer nas disciplinas tradicionais, quer em áreas mais práticas e experimentais, e em pesquisas conducentes a teses de doutoramento e dissertações de mestrado :

> *O estudo de caso é apenas uma das muitas maneiras de se fazer pesquisa em ciências sociais.*
>
> *(...)*
>
> *Em geral, os estudos de caso representam a estratégia preferida quando se colocam questões do tipo "como" e "por que", quando o pesquisador tem pouco controle sobre os eventos e quando o foco se encontra em fenómenos contemporâneos inseridos em algum contexto da vida real.*
>
> *(...)*
>
> *Como estratégia de pesquisa, utiliza-se o estudo de caso em muitas situações, nas quais se incluem:*

* política, ciência política e pesquisa em administração pública;

* sociologia e psicologia comunitária;

* estudos organizacionais e gerenciais;

* pesquisa de planejamento regional e municipal, como estudos de plantas, bairros ou instituições públicas;

* supervisão de dissertações e teses nas ciências sociais - disciplinas académicas

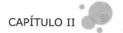

e áreas profissionais como administração empresarial, ciência administrativa e trabalho social. (YIN, 2001: 19-20)

A citação de Yin reproduzida acima deixa claro o que se pode entender por estudo de caso, definindo igualmente os contextos em que esta metodologia se aplica. Mas qual é o objetivo de um estudo de caso e por que motivo se adequa tal tipo de estudo aos objetivos da presente investigação? Para dar resposta a estas questões, socorremo-nos novamente de Yin:

(...) os estudos de caso têm um lugar de destaque na pesquisa de avaliação (veja Cronbach et al., 1980, Guba & Lincoln, 1981; Patton, 1980; U.S. General Accounting Office, 1990; Yin, 1993, cap. 4). Há, no mínimo, cinco aplicações diferentes. A mais importante é explicar os vínculos causais em intervenções da vida real que são complexas demais para as estratégias experimentais ou aquelas utilizadas em levantamentos. Na linguagem da avaliação, as explanações uniriam a implementação do programa com os efeitos do programa (U.S. General Accounting Office, 1990). Uma segunda aplicação é descrever uma intervenção e o contexto na vida real em que ela ocorre. Em terceiro lugar, os estudos de caso podem ilustrar certos tópicos dentro de uma avaliação, outra vez de um modo descritivo - mesmo de uma perspectiva jornalística. A quarta aplicação é que a estratégia de estudo de caso pode ser utilizada para explorar aquelas situações nas quais a intervenção que está sendo avaliada não apresenta um conjunto simples e claro de resultados. Em quinto lugar, o estudo de caso pode ser uma "meta-avaliação" -o estudo de

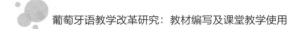

um estudo de avaliação (N. Smith, 1990; Stake, 1986). (YIN, 2001: 34)

Segundo a descrição de Yin, um estudo de caso pode servir cinco diferentes finalidades. A primeira, e possivelmente a mais importante, é explicar os vínculos causais em intervenções da vida real; depois, permite também descrever uma intervenção e o seu contexto na vida real e ilustrar certos tópicos dentro de uma avaliação. A estas finalidades acrescenta-se, em quarto lugar, a possibilidade de explorar acontecimentos e contextos complexos e, por último, a possibilidade de servir de apoio a um estudo de avaliação.

No contexto da presente dissertação, adotar-se-á o estudo de caso para avaliar e analisar os manuais de PLE usados em cinco universidades chinesas no nível de iniciação (A1/A2 do QECRL). Isto concretiza-se através da aplicação de questionários a alunos e a professores, cujas respostas permitirão analisar o papel dos manuais no desenvolvimento de competências comunicativas, identificando os pontos fortes e os pontos fracos de cada um dos manuais em causa, tendo em conta o público-alvo específico (alunos universitários chineses).

2. O Ensino de PLE nas Universidades que Constituem a Amostra do Estudo de Caso

2.1. A Situação do Ensino de PLE no Nível de Iniciação na China Continental

Como referimos na introdução deste trabalho, em 2015 havia já duas dezenas de universidades chinesas com cursos de licenciatura em língua e cultura portuguesas. As disciplinas lecionadas nos níveis de iniciação e elementar, correspondentes aos dois primeiros anos da licenciatura em língua e cultura portuguesas nestas universidades, encontram-se esquematizadas no Quadro 5.

Quadro 5 - Disciplinas Lecionadas no 1.º e 2.º Anos da Licenciatura em Língua Portuguesa na China Continental

1.º semestre do 1.º ano	Principais Disciplinas	Português I	Compreensão Oral/ Audiovisual	Oralidade/ Conversação	X
	Carga Horária /semana	entre 8h e 14h / semana	2h/semana	entre 2h e 4h / semana	X
2.º semestre do 1.º ano	Principais Disciplinas	Português II	Compreensão Oral/ Audiovisual	Oralidade/ Conversação	Leitura Extensiva
	Carga Horária /semana	entre 8h e 12h / semana	2h/semana	entre 2h e 4h / semana	2h/ semana
1.º semestre do 2.º ano	Principais Disciplinas	Português III	Compreensão Oral/ Audiovisual	Oralidade/ Conversação	Leitura Extensiva
	Carga Horária /semana	entre 8h e 12h / semana	entre 2h e 4h / semana	entre 2h e 4h / semana	entre 2h e 3h/semana

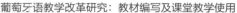

(**Continued**)

2.º semestre do 2.º ano	Principais Disciplinas	Português IV	Compreensão Oral/ Audiovisual	Oralidade/ Conversação	Leitura Extensiva
	Carga Horária /semana	entre 8h e 12h / semana	entre 2h e 4h / semana	entre 2h e 4h/ semana	entre 2h e 3h/semana

Fonte: ZHAO, Hongling e ZHAO, Jingjian (2013). Ensino de Português na China: da explosão ao amadurecimento. Beijing: não publicado.

A disciplina de Português é obrigatória e a mais importante desde o 1.º semestre do 1.º ano, em todas as universidades analisadas, com uma carga horária que oscila entre as 8 e 14 horas semanais. A Compreensão Oral/Audiovisual e a Oralidade/Conversação são disciplinas igualmente necessárias nesta fase, presentes em quase todos os cursos de português. Os principais manuais escolhidos para estas três disciplinas são os seguintes:

* Português XXI, da autoria de Ana Tavares, publicado pela Lidel – Edições Técnicas, Lda;

* Português sem Fronteiras, da autoria de Isabel Coimbra e Olga Mata Coimbra, publicado pela Lidel – Edições Técnicas, Lda;

* Aprender Português, da autoria de Carla Oliveira, Luísa Coelho e Maria José Ballmann, publicado pela Texto Editores;

* Olá! Como está?, da autoria de Leonete Carmo , publicado pela Lidel – Edições Técnicas, Lda;

* Passo a Passo em Português, da autoria de Ana Cristina Santos, Carlos Santos, Filipa Didier e Paula Costa, publicado pelo Instituto Português do Oriente (Macau);

* Avenida Brasil, da autoria de Emma Eberlein O. F. Lima, Lutz Rohrmann, Tokiko Ishihara, Samira Abirad Iunes e Cristián González Bergweiler, publicado

pela Editora Pedagógica e Universitária;

*   Português para Ensino Universitário, da autoria de Ye Zhiliang, publicado pela Foreign Language Teaching and Research Press;

*   Curso de Português para Chineses, da autoria de Xu Yixing e Zhang Weiqi, publicado pela Shanghai Foreign Language Education Press.

Todavia, estes manuais parecem insuficientes para o ensino da língua portuguesa, na medida em que os docentes, regra geral, procuram materiais suplementares na internet ou outros meios que ajudem os alunos a adquirirem conhecimentos sobre a vida social e cultural dos países lusófonos.

Vejamos a situação específica de cada uma das cinco universidades escolhidas para o estudo de caso.

2.1.1. Universidade de Comunicação da China

O Instituto de Radiodifusão de Beijing foi fundado no ano de 1959, na capital da China, passando a chamar-se Universidade de Comunicação da China (UCC) em 2004. Atualmente possui 83 cursos de licenciatura, mais de 100 cursos de mestrado e de doutoramento e sete estações de pesquisa de pós-doutoramento.[1]

A primeira licenciatura em língua portuguesa na China continental começou a funcionar precisamente nesta universidade, corria o ano de 1960. No entanto, o contexto político-social do país condicionou tal ensino, pelo que a universidade recebeu apenas uma turma em 1960, mais uma turma no ano 1964 e duas em 1965, após o que interrompeu o ensino da língua portuguesa retomando-o apenas em 2000. Desde então, a licenciatura em língua portuguesa na UCC recebeu 11 turmas, tendo já formado 225 alunos. Com uma história de mais de 50 anos, a licenciatura

---

[1]   Fonte: http://by.cuc.edu.cn/

em língua portuguesa tem-se desenvolvido exponencialmente, tal como os outros cursos dominantes da UCC, nomeadamente de jornalismo, de comunicação, de língua inglesa e de relações internacionais. O ensino concomitante de português europeu e de português do Brasil é uma característica importante que define os cursos ministrados pela UCC.

O curso de licenciatura em língua portuguesa está inserido na Faculdade de Línguas Europeias do Instituto de Línguas Estrangeiras e conta atualmente com quatro professoras (uma leitora e três professoras chinesas), com qualificações ao nível do mestrado, sendo que três são já doutorandas.

Em 2002, o Instituto de Comunicação Internacional da UCC assinou um acordo de intercâmbio no modelo "2+2" com o Instituto Politécnico de Macau, enviando todos os alunos para Macau nos anos letivos de 2002 e 2003 onde estudaram dois anos (o seu 1º e 2º anos da licenciatura).

No ano de 2005, a UCC começou outro intercâmbio, de modelo "2+1+1", com duas universidades brasileiras, a Universidade Federal do Rio Grande do Sul e a Pontifícia Universidade Católica do Rio Grande do Sul. Desde então, todos os alunos foram completar o 2º ano da licenciatura no Brasil. Atualmente, a UCC tem a uma estreita cooperação com a Universidade Federal do Rio Grande do Sul, na qual estabeleceu o quarto Instituto Confúcio do Brasil em 2011. (FAN BAOXUAN, 2015: 9-15)

2.1.2. Universidade de Estudos Internacionais de Beijing

Igualmente localizada na capital, a Universidade de Estudos Internacionais de Beijing (UEIB) foi fundada no ano de 1964, sendo uma instituição académica famosa sobretudo graças aos cursos de literatura e língua estrangeira e também na área da gestão do turismo.

Tendo em conta o crescente intercâmbio entre a China e os países lusófonos, a procura de pessoal qualificado que fale português tem aumentado, pelo que a UEIB iniciou a licenciatura em Língua Portuguesa em 2005, recebendo uma turma com cerca de 24 alunos nos dois primeiros anos letivos. O curso visa formar pessoas qualificadas e multifacetadas, que possam desempenhar funções em órgãos do Estado, na área da diplomacia, do comércio, da economia, da cultura, do turismo, da educação, da investigação científica, entre outras.

O Departamento de Português desta universidade foi criado também no ano de 2005, agregado à Faculdade de Espanhol e Português e, mais recentemente, estabeleceu um acordo de cooperação com a Universidade do Minho e com o Instituto Politécnico de Macau, segundo o modelo "2+1+1", enviando uma parte dos alunos do terceiro ano para Portugal e dois alunos do mesmo ano para o Instituto Politécnico de Macau, com o apoio financeiro de Fundação Oriente, para estudarem durante um ano letivo. Em 2015, estabeleceu um intercâmbio "1+2+1" com a Universidade de Coimbra, no âmbito da licenciatura em relações internacionais (em Português).[1]

2.1.3. Universidade de Estudos Internacionais de Tianjin

A Universidade de Estudos Internacionais de Tianjin (UEIT) localiza-se em Tianjin, uma cidade no norte da China, diretamente subordinada ao Governo Popular Central, e foi fundada em 1974, por professores vindos da Escola de Línguas Estrangeiras de Tianjin, Instituto Normal de Tianjin, Universidade de Hebei, entre outras instituições.

A UEIT abriu a licenciatura em Língua e Cultura Portuguesas no ano de 2004,

---

[1]   Fonte: http://www.bisu.edu.cn/

recebendo uma turma por ano letivo desde setembro de 2005. O curso recebeu anualmente cerca de 15 alunos entre 2005 e 2009, e cerca de 20 alunos desde 2010 até agora. Os alunos do presente curso aprendem língua portuguesa, língua inglesa, literatura, história, política, economia, diplomacia e cultura social. Ao nível das línguas estrangeiras, desenvolvem a compreensão e a produção oral, a compreensão e a produção escrita e a tradução de português e inglês, adquirindo competências profissionais e a capacidade de analisar e resolver problemas para desempenharem funções na área da tradução, da educação, da investigação, da gestão, entre outras.

O Departamento de Língua Portuguesa desta universidade foi criado no ano 2005, contando atualmente com seis professores (um leitor brasileiro e cinco professores chineses), entre quais dois são mestres, uma é mestranda e três são doutorandos.

A UEIT tem um acordo de cooperação e intercâmbio com duas universidades portuguesas, a Universidade do Minho (UM) e a Universidade de Lisboa (UL), no modelo "2+1+1". Assim, a UEIT tem enviado todos os alunos de terceiro ano para a Universidade do Minho, onde estudam um ano (o seu 3º ano) desde 2007/2008, e para a Universidade de Lisboa, desde 2009. Para além disso, a UEIT manteve uma cooperação com a UM ao nível do mestrado até 2012, adotando o modelo "2+3". Ou seja, os alunos estudavam na UEIT durante dois anos letivos e três anos na UM (sendo dois anos de licenciatura e um de mestrado).

O esforço conjunto da UEIT e da UL conduziu à criação do Instituto Confúcio da Universidade de Lisboa, em 2008. Desde então, a cooperação entre as duas instituições foi-se diversificando, tanto ao nível do ensino da língua e cultura chinesas, como ao nível do ensino de PLE, originando um intercâmbio de alunos e

de professores, o aperfeiçoamento de professores de PLE, entre outras medidas.[1]

2.1.4.Universidade de Línguas Estrangeiras de Dalian

Como o próprio nome indica, a Universidade de Línguas Estrangeiras de Dalian (ULED) localiza-se em Dalian, uma cidade litoral da província de Liaoning, no nordeste da China. Fundada no ano de 1964, atualmente possui mais de meia centena de cursos, ao nível de licenciatura, mestrado e doutoramento, que abrangem 10 línguas estrangeiras, tais como a língua japonesa, a língua inglesa ou a língua russa.

Sendo a única instituição a formar profissionais qualificados que falam português na província de Liaoning, a ULED vem recebendo uma turma com cerca de 30 alunos por ano letivo (exceto em 2008, ano em que recebeu apenas 20 alunos) desde que iniciou a licenciatura em Língua Portuguesa, no ano de 2008. O curso visa formar pessoal qualificado, com competências práticas de língua portuguesa, conhecimento bastante de literatura em língua portuguesa, forte capacidade de comunicação intercultural, boa qualidade humanística e visão internacional, podendo trabalhar na área da diplomacia, do comércio internacional, da gestão, da educação, da tradução, entre outras.

O Departamento de Português foi criado formalmente em 2009, agregado à Faculdade de Alemão da universidade, integrando depois a Faculdade de Espanhol e Português criada no ano de 2012. Atualmente, o Departamento de Português tem já 11 professores, incluindo dois aposentados da Universidade de Estudos Estrangeiros de Beijing e do Ministério dos Negócios Estrangeiros, seis jovens docentes chineses e três leitores portugueses. Entre eles, seis são mestres pela

---

[1]   Fonte: http://european.tjfsu.edu.cn/

Universidade Nova de Lisboa, pela Universidade de Aveiro ou pela Universidade do Minho, o que representa 55% do número total de docentes.

A ULED estabeleceu uma cooperação com a Universidade Nova de Lisboa (UNL), em 2009, e com a Universidade de Aveiro (UA), em 2011. Comparativamente com outras universidades chinesas com cursos idênticos, a estratégia de cooperação com as universidades portuguesas adotada pela ULED é mais flexível. Existem vários modelos de formação,"1+3","1+2+1","1+1+2"e"2+3", o que pressupõe que os alunos estudem na ULED por algum tempo e passem o restante tempo na UNL ou na UA, para concluírem os seus cursos de licenciatura ou mestrado (no caso do modelo "2+3"). O segundo algarismo determina o tempo que os alunos estudam em Portugal, frequentando uma das duas academias, por exemplo, escolhido o modelo "1+3", o aluno estuda na ULED no primeiro ano e passa os restantes anos numa universidade portuguesa. Similarmente, "1+2+1" significa que o primeiro ano é frequentado na ULED, o segundo e o terceiro anos na UNL e, no último ano, os alunos regressam à China, para concluírem o curso. O modelo"2+3" é um pouco diferente, na medida em que os alunos frequentam a ULED por dois anos da licenciatura, antes de rumarem à UA, onde permanecerão três anos, correspondendo a dois anos de licenciatura e um de mestrado, o que significa que os alunos podem economizar um ano na conclusão do mestrado.

Para além da cooperação descrita com as universidades portuguesas, a ULED também assinou um acordo de intercâmbio e articulação de âmbito nacional, com a Universidade de Estudos Internacionais de Tianjin (UEIT), no ano de 2010, e com o Instituto de Línguas Estrangeiras Jilin Huaqiao (ILEJH), no ano de 2011. O objetivo é melhorar o nível de ensino do Português na China continental, através do desenvolvimento conjunto, da partilha e do pleno uso de recursos de várias universidades. Em 2015, mais de 40 alunos tinham participado neste projeto de

intercâmbio nacional.

Além de assumirem funções docentes, os professores do Departamento de Português apoiam o ensino da língua chinesa e a divulgação da cultura chinesa nos países lusófonos. Como resultado do protocolo de cooperação celebrado com a Universidade de Brasília (2014) e com a Universidade de Aveiro (2015), a ULED enviou uma professora para o Brasil e dois docentes para Portugal, para apoiarem o Instituto Confúcio na Universidade de Brasília e na Universidade do Aveiro. Atualmente estes dois Institutos Confúcio funcionam regularmente, desenvolvendo atividades de ensino, pesquisa e investigação relacionadas com a língua e cultura chinesas.[1]

2.1.5. Universidade de Línguas Estrangeiras de Jilin Huaqiao

A Universidade de Línguas Estrangeiras de Jilin Huaqiao (ULEJH) foi fundada em 1995, em Changchun, a capital da província de Jilin, no nordeste da China. Sendo uma das mais importantes universidades privadas do país, tem mais de oito mil alunos e setecentos funcionários e professores, provenientes dos Estados Unidos, Canadá, Inglaterra, Austrália, França, Japão, Alemanha, Espanha, Coreia do Sul, Rússia, Itália, Portugal, Egito, entre outros países.

A ULEJH deu início à licenciatura em Língua Portuguesa em 2008, recebendo uma turma por ano lectivo, entre 2008 e 2012, e duas turmas desde 2013. Cada turma foi constituída por cerca de 25 alunos entre os anos de 2008 e 2011, e cerca de 30 alunos desde então. O curso visa formar pessoas qualificadas em múltiplas vertentes, muito procuradas pelo mercado de trabalho, com bons conhecimentos de língua portuguesa, boas competências práticas, excelente caráter moral,

---

[1] Fonte: http://www.dlufl.edu.cn/

elevados conhecimentos profissionais em áreas específicas, podendo promover o desenvolvimento económico local e desempenhar funções de tradução, gestão e ensino na área da engenharia, da educação, do comércio internacional, entre outras.

O Departamento de Português nesta universidade foi igualmente criado em 2008 e agregado à Faculdade de Espanhol, integrando depois a Faculdade de Línguas Ocidentais criada em 2012, juntamente com os Departamentos de Russo, de Alemão, de Francês, de Espanhol e de Italiano.

A ULEJH estabeleceu uma relação de cooperação com a Universidade de Aveiro, em 2013, com o modelo "2+1+1", enviando parte dos alunos de terceiro ano para Portugal para estudarem durante um ano. Os restantes alunos de terceiro ano podem permanecer na ULEJH, ou frequentarem a licenciatura na Universidade de Línguas Estrangeiras de Dalian, no âmbito do acordo de intercâmbio nacional entre estas duas universidades.[1]

---

[1]   Fonte: http://www.hqwy.com/hqwy/gaikuang/dw.asp

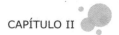

3. Amostra e Instrumentos de Recolha de Dados

Hoje em dia, o questionário é amplamente usado nas pesquisas sociais, como uma das mais importantes técnicas disponíveis para a obtenção de dados. Gil refere-se a este instrumento de investigação esclarecendo o seguinte:

Pode-se definir questionário como a técnica de investigação composta por um conjunto de questões que são submetidas a pessoas com o propósito de obter informações sobre conhecimentos, crenças, sentimentos, valores, interesses, expectativas, aspirações, temores, comportamento presente ou passado, etc. (...)

O questionário apresenta uma série de vantagens. A relação que se segue indica algumas dessas vantagens, que se tornam mais claras quando o questionário é comparado com a entrevista:

possibilita atingir grande número de pessoas, mesmo que estejam dispersas numa área geográfica muito extensa, já que o questionário pode ser enviado pelo correio;

implica menores gastos com pessoal, posto que o questionário não exige o treinamento dos pesquisadores;

c) garante o anonimato das respostas;

d) permite que as pessoas o respondam no momento em que julgarem mais conveniente;

e) não expõe os pesquisados à influência das opiniões e do aspecto pessoal do entrevistado.

O questionário, enquanto técnica de pesquisa, também apresenta limitações, tais como:

exclui as pessoas que não sabem ler e escrever, o que, em certas circunstâncias, conduz a graves deformações nos resultados da investigação;

b) impede o auxílio ao informante quando este não entende corretamente as instruções ou perguntas;

c) impede o conhecimento das circunstâncias em que foi respondido, o que pode ser importante na avaliação da qualidade das respostas;

d) não oferece a garantia de que a maioria das pessoas devolvam-no devidamente preenchido, o que pode implicar a significativa diminuição da representatividade da amostra;

e) envolve, geralmente, um número relativamente pequeno de perguntas, porque é sabido que questionários muito extensos apresentam alta probabilidade de não serem respondidos;

f) proporciona resultados bastante críticos em relação à objetividade,
pois os itens podem ter significado diferente para cada sujeito
pesquisado. (GIL, 1999: 121-122)

O questionário tem uma série de vantagens e também limitações mas é, sem nenhuma dúvida, um instrumento muito claro, adequado e usual para recolher dados numa investigação. Assim, no presente trabalho optamos por questionários com perguntas fechadas e semiabertas, como instrumentos de recolha.

3.1. População Alvo e Aplicação dos Questionários

Como já anteriormente ficou dito, no presente trabalho propomo-nos analisar cinco manuais do nível de iniciação (A1/A2 do QECRL), a saber: Aprender Português 1, Novo Português sem Fronteiras 1, Português XXI 1, Curso de Português para Chineses 1 e Português para Ensino Universitário 1, usados nas universidades da China continental selecionadas para integrarem este estudo e a que também já nos referimos antes: Universidade de Línguas Estrangeiras Jilin Huaqiao, Universidade de Comunicação da China, Universidade de Estudos Internacionais de Tianjin, Universidade de Línguas Estrangeiras de Dalian e Universidade de Estudos Internacionais de Beijing.

Os três primeiros manuais referidos têm autores portugueses, são publicados em Portugal e estão elaborados de acordo com os níveis A1 e A2 do QECRL. Apesar de a China não adotar o QECRL no ensino de PLE, os dois manuais de autores chineses a analisar têm objetivos idênticos, no sentido de comunicar e desenvolver quatro capacidades de compreensão e de produção em situações de utilização quotidiana do idioma, que correspondem aos níveis A1 e A2 do QECRL (definidos nos quadros 2 e 3). Assim, todos os manuais por nós selecionados se destinam aos níveis de iniciação e elementar, ou seja, níveis A1 e A2 do QECRL.

Foram aplicados questionários aos alunos e aos professores nestas cinco universidades que utilizam os manuais do nível de iniciação referidos acima. A população inquirida é composta por 74 pessoas, 69 alunos e cinco professores (Quadro 6).

Quadro 6 - População Alvo e Número de Inquiridos

Nome da Universidade	Manuais de PLE usados no nível de iniciação	Disciplina	№ de Alunos Inquiridos	№ de Professores Inquiridos
Universidade de Comunicação da China	Português XXI 1	Português Elementar	9	1
Universidade de Estudos Internacionais de Beijing	Novo Português sem Fronteiras 1	Português Elementar	12	1
Universidade de Estudos Internacionais de Tianjin	Português para Ensino Universitário 1	Português Elementar	14	1
	Aprender Português 1	Conversação 1		
Universidade de Línguas Estrangeiras de Dalian	Português para Ensino Universitário 1	Português Elementar	20	1
	Aprender Português 1	Compreensão Oral/ Audiovisual 1		
Universidade de Línguas Estrangeiras Jilin Huaqiao	Curso de Português para Chineses 1	Português Elementar	14	1

Fonte: Elaboração própria.

A aplicação dos questionários decorreu entre 25 de julho e 31 de outubro de 2015, obtendo-se um total de 74 respostas. Os questionários foram enviados por

e-mail e respondidos pelo mesmo meio, portanto, sem a presença da investigadora. As perguntas do questionário foram divididas em duas seções, sendo que a primeira era destinado a obter informações que permitissem caracterizar os respondentes, sem contudo quebrar o anonimato.

Os gráficos que apresentamos de seguida dão conta do perfil dos inquiridos. O Gráfico 2 apresenta a distribuição de idades dos alunos e dos professores inquiridos. A maioria dos inquiridos tem 19 (cinquenta e um) ou 20 anos (catorze), só quatro alunos têm 21 anos e cinco professores têm entre os 25 e os 35 anos, sendo que (de acordo com o Gráfico 3) uma grande percentagem (86,49%) correspondem ao sexo feminino, isto é, sessenta e quatro respondentes são do sexo feminino enquanto apenas dez são do sexo masculino.

Gráfico 2 - Faixa Etária dos Alunos e Professores Inquiridos

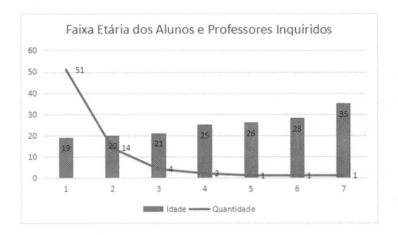

Fonte: Elaboração própria.

Gráfico 3 - Género dos Alunos e Professores Inquiridos

Género

13.51%

86.49%

■ Feminino ■ Masculino

Fonte: Elaboração própria.

3.2. As Perguntas dos Questionários Face aos Critérios de Análise dos Manuais

Os critérios de análise ou avaliação de um manual são muito diversificados, dependendo dos objetivos da investigação que os motiva. Ana Tavares resume os aspetos mais importantes deste tipo de análise ou avaliação:

Partindo das sugestões apresentadas por López, (...) concluímos ser
essencial que qualquer apreciação de um manual inclua uma análise
em relação à existência dos seguintes aspectos:

* conteúdos comunicativos

* conteúdos linguísticos

* conteúdos culturais

* concepção e organização gráfica

* características materiais (TAVARES, 2008: 64)

Apesar da conceção e organização gráfica ser um aspeto importante que não deve ser negligenciado, os dois manuais chineses utilizam apenas três cores

(preto, branco e azul ou verde), possivelmente para limitar os custos da edição, e ilustrações a preto e branco, como exemplificado abaixo (Ilustrações 1 e 2). Os três manuais portugueses são coloridos, mas os alunos chineses não têm acesso às publicações originais, recorrendo a fotocópias a preto e branco, muitas vezes sem imagens claras. Tendo em conta estas condicionantes, decidimos não abordar a questão da conceção e organização gráfica na nossa análise e nos questionários.

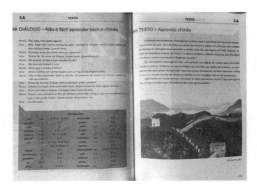

Ilustração 1 - Imagem do Curso de Português para Chineses 1[1]

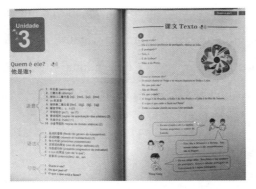

Ilustração 2 - Imagem do Português para o Ensino Universitário 1[2]

[1] XU, Yixing e ZHANG, Weiqi (2012). Curso de Português para Chineses 1, Shanghai: Imprensa de Educação de Línguas Estrangeiras de Shanghai, pp. 132-133.

[2] YE, Zhiliang (2010). Português para Ensino Universitário 1. Beijing: Imprensa de Ensino e Pesquisa de Línguas Estrangeiras, pp. 30-31.

Ainda segundo Tavares (2008), as características materiais são menos importantes que as restantes, o que reforça a nossa decisão de não considerar tais aspetos na nossa análise ou nos questionários.

O QECRL (2001: 29-34) propõe que a abordagem à língua estrangeira seja, de um modo muito geral, orientada para a ação. Nesta medida, o utilizador e o aprendente de uma língua são considerados como atores sociais, que têm que cumprir tarefas (não apenas relacionadas com a língua) em circunstâncias e ambientes determinados, num domínio de atuação específico do contexto social. O uso de uma língua e a sua aprendizagem desenvolvem um conjunto de competências gerais e, particularmente, competências comunicativas. Deste ponto de vista, o manual, como suporte de apoio ao ensino e à aprendizagem, deve estimular o desenvolvimento de competências comunicativas dos aprendentes. Consideramos, para além dos aspetos referidos, que a tipologia dos exercícios propostos (estruturais ou de caráter comunicativo) é também um elemento importante para o desenvolvimento das competências comunicativas.

Considerando todos os aspetos anteriormente referidos, a nossa análise e os respetivos questionários acerca dos manuais de PLE usados nas cinco universidades chinesas no nível de iniciação consideram:

*   Conteúdos Comunicativos

*   Conteúdos Linguísticos

*   Conteúdos Culturais

*   Tipologia dos Exercícios Propostos

Os questionários dirigidos aos professores foram redigidos em português, enquanto a versão dirigida aos alunos incluiu as duas línguas, chinês e português, para garantir a compreensão por parte dos inquiridos. No sentido de obter dados mais completos, evitando a perda de informações e a limitação das opiniões, os questionários são compostos por dois tipos de perguntas: fechadas e semiabertas. A segunda parte do inquérito oferece uma alternativa adicional nas respostas '(outra, indique por favor"), para os inquiridos expressarem as suas opiniões por meio das suas próprias palavras e sem constrangimentos, se estas não correspondem a nenhuma das alternativas apresentadas no questionário. Existem ainda várias perguntas que permitem assinalar mais do que uma opção.

As perguntas do questionário aos alunos estão relacionadas com os quatro aspetos referidos acima, mas também incluem uma pergunta sobre a competência de tradução e interpretação, porque a consideramos imprescindível para os alunos chineses, de acordo com o programa de ensino de PLE e os objetivos de licenciatura em PLE na China continental. A estas perguntas acrescentamos outros relacionados com as perceções dos estudantes relativamente a vários aspetos do processo de ensino-aprendizagem de PLE, tais como: os manuais usados ou as áreas de maior proficiência. As matrizes do questionário aos alunos são apresentados no anexo 1.

Quanto ao questionário aos professores, aditamos contudo uma questão sobre a adoção de métodos de ensino em contexto de aula. Importa esclarecer que, uma vez que só cinco professores devolveram os questionários respondidos, as conclusões do trabalho são baseadas principalmente nos dados recolhidos nos questionários dos alunos. A informação recolhida junto dos professores não está refletida nos gráficos que resultam do tratamento de dados, mas têm uma função referencial e comparativa em relação às respostas dos alunos. As matrizes do questionário aos professores são apresentados no anexo 2.

Apresenta-se, de seguida, uma apreciação das características da estrutura interna e externa dos manuais, que nos oferece uma perspetiva global e serve de ponto de partida para a nossa análise.

4. Análise dos Manuais Adotados

A ficha sinalética de cada obra (quadro 7) identifica os elementos referentes à estrutura externa de cada manual, incluindo título, autor(es), ano de edição, editor, número de páginas e eventual material complementar.

Esta ficha faculta ainda outras informações, relativamente à identificação do público-alvo, ao nível a que se destina cada manual, à existência ou não de manuais da mesma série para os outros níveis, à data da primeira edição, ao editor, ao número de páginas e à existência ou não de material complementar (CD-ROM, cassetes e livros do professor, entre outros materiais, que são úteis e necessários para aprendentes e ensinantes).

Quadro 7 - Ficha Sinalética

Título	Autor(es)	Ano de Edição	Editor	№ de páginas	Material Complementar
Aprender Português 1 APRENDER PORTUGUÊS 1 PORTUGUÊS PARA ESTRANGEIROS NÍVEIS A1, A2	Carla Oliveira, Luísa Coelho, Maria José Ballmann e João Malaca Casteleiro (Direção e Coordenação)	2006 (1ª edição) 2012 (edição consultada)	Texto Editores	160 páginas	Caderno de Exercícios CD-áudio

(**Continued**)

Título	Autor(es)	Ano de Edição	Editor	№ de páginas	Material Complementar
Novo Português Sem Fronteiras 1	Isabel Coimbra, Olga Mata Coimbra	1989 (1ª edição) 2009 (edição consultada)	Lidel-Edições Técnicas	213 páginas	Livro do Professor CD-áudio
Português XXI 1	Ana Tavares	2003 (1ª edição) 2012 (edição consultada)	Lidel-Edições Técnicas	240 páginas	Livro do professor Caderno de exercícios CD-áudio
Curso de Português para Chineses 1	Xu Yixing, Zhang Weiqi	2012	Shanghai Foreign Language Education Press	176 páginas	Livro do Professor CD-áudio

(**Continued**)

Título	Autor(es)	Ano de Edição	Editor	№ de páginas	Material Complementar
Português para o Ensino Universitário 1	Ye Zhiliang	2009	Foreign Language Teaching and Research Press	297 páginas	Livro do Professor CD-áudio

Fonte: Elaboração própria.

O título de cada publicação permite inferir qual é o seu público-alvo, a que nível se destina o manual e se pressupõe uma continuação com manuais para outros níveis subsequentes. Assim, podemos facilmente concluir que os manuais Português para o Ensino Universitário 1 e Curso de Português para Chineses 1 têm como principal público-alvo os estudantes universitários chineses. Nos títulos dos cinco manuais listados existe um número de ordem em numeração árabe ou romana, que remete para a ideia de continuidade do manual. Na verdade, estes manuais integram métodos de ensino-aprendizagem de PLE compostos por outros manuais adequados aos níveis seguintes, ou seja níveis intermédio e, nalguns casos, também nível avançado.

Quanto aos autores, o manual Aprender Português 1 foi preparado por uma equipa de professores do Departamento de Língua e Cultura Portuguesa da Faculdade de Letras da Universidade de Lisboa, uma das academias mais antigas de Portugal; o manual Português XXI 1 e o Novo Português Sem Fronteiras 1 foram elaborados por Ana Tavares, Isabel Coimbra e Olga Mata Coimbra, que têm muita experiência no ensino de português. A autoria dos dois manuais chineses é de uma equipa de professores da Universidade de Estudos Estrangeiros de Beijing e da Universidade de Estudos Internacionais de Shanghai, que têm maior experiência no ensino de PLE na China continental.

Em relação à data da primeira edição, à exceção do Novo Português Sem Fronteiras 1 (cuja primeira edição remonta a 1989), foram todos publicados após o ano de 2000, sendo portanto recentes. Mesmo o manual Novo Português Sem Fronteiras 1 foi revisto e editado novamente em 2009, introduzindo novas personagens, atualizando o contexto sociocultural, os textos (para serem mais representativos do Portugal do século XXI), as imagens e as fotos. Para além disso, apostou-se na tradução do léxico em quatro línguas: alemão, espanhol, francês e inglês.

Os manuais portugueses foram lançados pela Texto Editores ou pela Lidel, enquanto os manuais chineses foram publicados pela Foreign Language Teaching and Research Press e pela Shanghai Foreign Language Education Press, duas das editoras que publicam mais manuais de língua estrangeira na China.

Na ficha sinalética pode igualmente observar-se o material complementar oferecido por alguns manuais, nomeadamente CD-áudio, caderno de exercícios e livro do professor. À exceção de Aprender Português 1, todos os manuais têm CD-áudio; quatro têm livros do professor mas não cadernos de exercícios. No caso da obra Aprender Português 1, a situação inverte-se: possui caderno de exercícios mas não livro do professor.

Prosseguindo para a análise da estrutura interna dos manuais, também designada como "organização global", atente-se no que Grosso afirma a respeito, em *O Discurso Metodológico do Ensino do Português em Macau a Falantes de Língua Materna Chinesa*:

> *Subjacentes à organização global de um manual estão práticas pedagógicas ou teorias e métodos de ensino/aprendizagem que reflectem as exigências de programas ou a opção dos autores por uma dada concepção. Nem sempre o manual tem uma linha orientadora metodológica dependente de uma aparelhagem teórica didáctica das línguas; ela é sobretudo empírica, dependente da experiência dos autores ou do modo como eles próprios aprenderam a língua estrangeira. (GROSSO, 2007: 178)*

Tavares (2008: 64) acrescenta que a organização global de um qualquer manual não só depende da experiência dos autores, mas também das exigências ou disponibilidades das editoras.

Quando falamos dos aspetos atinentes à organização global de um manual, pretendemos pôr a nossa atenção nos seus aspetos de carácter geral e não específico. Consideramos os seguintes parâmetros essenciais para esta análise: informações introdutórias, organização interna, exercícios, avaliação e apêndices (Quadro 8).

As informações introdutórias incluem bastantes dados, tais como informação específica sobre o público-alvo, os objetivos, o nível de proficiência linguística (nível do QECRL), a metodologia, os conteúdos e o tempo previsto; toda esta informação é útil para auxiliar o docente na planificação do curso.

Analisando a organização interna, constata-se o número de unidades ou lições que constituem um manual, e de que forma cada uma delas se encontra organizada. Quanto aos exercícios e à avaliação, importa referir se o manual inclui ou não

exercícios de revisão, testes para autoavaliação, etc. Nos apêndices, pretendemos registar a presença de glossários, informações de carácter gramatical, chave das unidades de revisão, lista de verbos conjugados, entre outros.

Quadro 8 - Organização Global dos Manuais

Manual (Nível)	Informações Introdutórias	Organização Interna	Exercícios e Avaliação	Apêndices
Aprender Português 1 (A1/A2)	•Aprendentes principiantes •Público adolescente e adulto diversificado •Curso de iniciação •Objetivos de comunicação	•14 unidades •Cada unidade é organizada em áreas temáticas e vocabulares associadas ao quotidiano •Cada conteúdo gramatical está associado a uma unidade temática •Exercícios •A "oralidade" apresenta-se no final de cada unidade, sendo constituída por cinco partes (algumas unidades): atos de fala, sugestões de trabalho, para ir mais longe, exercício áudio e vocabulário.	•Quatro testes de revisão permitem ao aprendente uma avaliação constante da sua evolução. • Teste final	•Notas Gramaticais

(Continued)

Manual (Nível)	Informações Introdutórias	Organização Interna	Exercícios e Avaliação	Apêndices
Novo Português Sem Fronteiras 1 (A1/A2)	• Alunos principiantes • Curso constituído por três manuais, correspondentes a quatro níveis do QECRL (de A1 a B2) • Aquisição de competências comunicativas básicas	• 20 unidades • Cada unidade é dividida em duas partes: "vamos lá falar", introduzida por um diálogo, e "vamos lá escrever", iniciada por um texto • Apresentação gramatical no início de cada unidade • Exercícios • Sumário de competências comunicativas • Vocabulário no fim de cada unidade	• Quatro unidades de revisão • Teste final de gramática e vocabulário	• Apêndice 1:lista de verbos conjugados (presente do indicativo/pretérito perfeito simples) • Apêndice 2: conjugação perifrástica • Apêndice 3: imperativo • Apêndice 4: pronomes pessoais • Apêndice 5:plural dos nomes e adjetivos • Apêndice lexical • Léxico traduzido para alemão, inglês, espanhol e francês •Transcrição dos textos do CD-áudio • Fonte de fotografias
Português XXI 1 (A1)	• Público adolescente e adulto heterogéneo • Alunos principiantes ou falsos principiantes • Curso constituído por 3 níveis • Cerca de 120 horas de trabalho • Desenvolvimento da compreensão e da expressão oral em situações reais de comunicação	• 12 unidades • Cada unidade dividida em três partes: A, B (conteúdos culturais ou comunicativos) e C (fonética) • Exercícios de carácter fonético no final de cada unidade	• Quatro unidades de revisão	• Apêndice gramatical no fim de cada unidade • Textos gravados para exercícios • Chave das unidades de revisão • Glossário e expressões traduzidas para alemão, inglês, espanhol e francês • Lista de verbos conjugados (presente do indicativo e pretérito perfeito simples)

(Continued)

Manual (Nível)	Informações Introdutórias	Organização Interna	Exercícios e Avaliação	Apêndices
Curso de Português para Chineses 1 (A1/A2)	• Estudantes universitários • Público adulto e adolescente • Curso de licenciatura em língua e cultura portuguesas (1º semestre) • Também adequado para uso em regime de auto-aprendizagem • 140 a 180 horas de trabalho • Comunicação na vida quotidiana e conhecimento gramatical básico • Não adota o novo acordo ortográfico.	• 16 unidades • Cada unidade é organizada em áreas temáticas e vocabulares associadas à vida quotidiana • Apresentação gramatical no início de cada unidade • Cada unidade é dividida em cinco partes: texto (diálogo), léxico e estrutura, fonética, gramática e exercícios	• Duas revisões	• Apêndice vocabular • Apêndice com autores das fotos
Português para o Ensino Universitário 1 (A1/A2)	• Estudantes universitários • Curso de licenciatura em língua e cultura portuguesa (1º semestre) • 140 a 180 horas de trabalho • Desenvolvimento de quatro competências, ao nível de compreensão e de produção linguística, em situações da vida quotidiana	• 14 unidades • Cada unidade é organizada em áreas temáticas e vocabulares associadas à vida quotidiana • Apresentação gramatical no início de cada unidade • Cada unidade inclui texto (diálogo), vocabulário, gramática, exercícios, etc.	• Três testes	• Vocabulário geral

Fonte: Elaboração própria.

5. Tratamento, Análise e Discussão dos Dados

5.1. Conteúdos Comunicativos

De acordo com o QECRL, a aprendizagem e o uso de uma língua pressupõem:

O uso de uma língua, abrangendo a sua aprendizagem, inclui as ações realizadas pelas pessoas que, como indivíduos e como atores sociais, desenvolvem um conjunto de competências gerais e, particularmente, competências comunicativas em língua. As pessoas utilizam as competências à sua disposição em vários contextos, em diferentes condições, sujeitas a diversas limitações, com o fim de realizarem atividades linguísticas que implicam processos linguísticos para produzirem e/ou receberem textos relacionados com temas pertencentes a domínios específicos. Para tal, ativam as estratégias que lhes parecem mais apropriadas para o desempenho das tarefas a realizar. (QECRL, 2001: 29)

Deste ponto de vista, o uso da língua depende das exigências e condições do contexto. A situação específica cria a necessidade e o desejo de comunicar, e também determina a forma e o conteúdo da comunicação. Todos os atos de linguagem se inscrevem no contexto de uma situação específica, ou seja, num domínio da vida social. Identificar os domínios nos quais os aprendentes realizarão as ações ajuda significativamente a desenvolver o processo de ensino e a avaliação da língua-alvo.

A forma de identificar estes domínios pode ser muito diversa. Existem contudo quatro domínios úteis para o ensino-aprendizagem de línguas: o domínio privado, o domínio público, o domínio profissional e o domínio educativo (QECRL, 2001: 76), sendo possível, em cada um deles, distinguir temas ou tópicos que constituem o centro de comunicação, os quais são envolvidos no discurso oral, na conversação, na leitura e na composição escrita. Identificam-se abaixo as principais áreas temáticas apresentadas pelo QECRL:

* identificação e caracterização pessoal

* casa, lar, ambiente

* vida quotidiana

* tempo livre e diversões

* viagens

* relações com os outros

* saúde e cuidados pessoais

* educação

* compras

* comida e bebida

* serviços

* lugares

* língua

* meteorologia

Será que as áreas temáticas propostas pelo QECRL estão contempladas pelos cinco manuais analisados? Os textos são apresentados de modo autêntico ou estão completamente alheados da realidade comunicativa dos países lusófonos? Os diversos elementos pragmáticos para a comunicação - o tom, a entoação, a forma adequada de tratamento, etc. - estão presentes e são adequados? Os conteúdos comunicativos são apresentados de forma ativa e apoiam o desenvolvimento do saber-fazer cognitivo do aprendente? As quatro competências comunicativas desenvolvem-se de forma equilibrada com os conteúdos? Estas foram as perguntas de investigação para as quais procuramos encontrar resposta.

O manual Aprender Português 1 foi elaborado segundo a metodologia da abordagem comunicativa e contém áreas temáticas e vocabulares propostas pelo QECRL, que abrangem as principais situações de comunicação da vida quotidiana. Os textos, os diálogos e os materiais incluídos no manual não são autênticos, mas visam apresentar a gramática de forma sistematizada e desenvolver as quatro competências comunicativas de forma equilibrada. Apesar de apresentar os conteúdos comunicativos de forma passiva, o manual ambiciona que os aprendentes adquiram competências que lhes permitam realizar atos de fala apropriados para situações de comunicação quotidianas. O manual tem o apoio de um CD áudio gravado por falantes nativos.

No Novo Português Sem Fronteiras 1, os conteúdos comunicativos são apresentados a partir da suposta recreação da vida quotidiana de uma estudante angolana em Portugal, Ângela, e da família Viana que lhe oferece um quarto. Os temas dos diálogos e dos textos, por exemplo, apresentações, profissões, cumprimentos, escola, casa, comida/bebida, compras e desporto, etc., enquadram-se nas áreas temáticas propostas pelo QECRL. Mas a maior parte dos diálogos e dos textos são artificiais, nada autênticos, tendo como objetivo principal introduzir as estruturas linguísticas e o vocabulário. Este manual manifesta um forte enfoque no desenvolvimento da competência gramatical mas visa combinar o melhor do método tradicional com a abordagem comunicativa; no entanto, privilegia uma aprendizagem passiva, colocando a tónica nas estruturas gramaticais e na compreensão e produção escritas, ao invés de privilegiar as competências comunicativas orais. O manual vem acompanhado de dois CD áudio, com as gravações dos diálogos, textos e exercícios de oralidade, apoiando o desenvolvimento da compreensão oral.

Quanto ao Português XXI 1, foi concebido com base na abordagem comunicativa, com o objetivo de promover a aprendizagem do português de forma ativa e participativa, revelando uma preocupação na preparação de aprendentes capazes de comunicarem eficazmente. Os temas são variados e, na sua maioria, propostos de acordo com as áreas temáticas estipuladas pelo QECRL, apesar de existirem alguns diálogos e textos não autênticos ou manipulados. Os conteúdos comunicativos buscam desenvolver as competências linguísticas de forma pragmática, nomeadamente a utilização de expressões de cortesia adequadas, com o apoio de um CD áudio, uma parte especial para fonética e um apêndice gramatical. Este manual não integra, contudo, uma lista de vocabulário em cada unidade.

No Curso de Português para Chineses 1, os conteúdos comunicativos são inseridos nos diálogos e textos. Os temas cobrem várias áreas temáticas propostas pelo QECRL, tais como: a identificação e a caracterização pessoal, os cumprimentos, a localização e as horas, a educação, entre outros. Também se encontram no manual textos pouco autênticos, que, no entanto, pretendem reproduzir situações de conversação quotidiana simples, introduzem as estruturas gramaticais e o vocabulário a ensinar, promovendo uma aprendizagem do português de tipo reprodutivo e desenvolvendo capacidades de saber-redizer e saber-refazer. Os diálogos e textos têm o apoio de um CD áudio.

Quanto ao Português para o Ensino Universitário 1, partilha o mesmo objetivo do Curso de Português para Chineses 1, isto é, que os aprendentes tenham uma base gramatical sólida e possam conversar em português sobre a vida quotidiana,

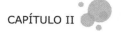

sem no entanto dar muita importância às competências comunicativas. Os seus conteúdos comunicativos são bastante similares ao manual Curso de Português para Chineses 1.

Nos Gráficos 4, 5 e 6, apresentam-se os resultados da análise das respostas dadas pelos alunos a questões relacionadas com a autenticidade e o interesse dos temas e dos textos do manual que utilizam, bem como sobre o contributo dado por este para o desenvolvimento de competências comunicativas.

Gráfico 4 - Perceções sobre os Temas e os Textos dos Manuais

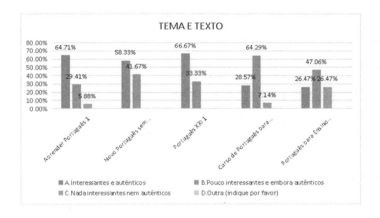

Fonte: Elaboração própria.

As respostas obtidas permitem concluir que 22 alunos que usam o manual Aprender português 1, acham que os temas e os textos deste manual são interessantes e autênticos (64,71% do total de alunos). Quanto aos temas e textos do manual Novo Português Sem Fronteiras 1, sete alunos (58,33%) acham que são interessantes e autênticos; o mesmo acontecendo com seis alunos (66,67%) que utilizam o manual Português XXI 1, quatro alunos (28,57%) que utilizam o Curso de Português para Chineses 1 e nove alunos (26,47%) que utilizam o manual

Português para o Ensino Universitário 1.

Observando o gráfico 4, constata-se que mais alunos apontam os manuais Aprender Português 1 e Português XXI 1 como tendo os temas e os textos mais interessantes e autênticos, o que corresponde à nossa análise. Nos antípodas, encontram-se os manuais Curso de Português para Chineses 1 e Português para o Ensino Universitário 1, cujos temas e textos são considerados pouco interessantes, embora autênticos por 64,29% e 47,06% dos seus utilizadores. Acreditamos que os temas e os textos incluídos nos manuais portugueses são mais próximos da realidade dos países lusófonos e que, por isso, são mais atrativos e interessantes para os alunos chineses.

Na pergunta sobre o contributo dado pelo manual para o desenvolvimento de competências comunicativas, consideramos que as duas escolhas A e B (muito adequado e adequado) significam que o manual tem uma função positiva visando o objetivo em causa, pelo que somamos as percentagens dessas escolhas.

Gráfico 5 - Contributo Dado pelo Manual para o Desenvolvimento de Competências Comunicativas

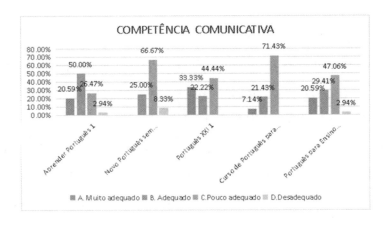

Fonte: Elaboração própria.

A partir da análise do gráfico 5, percebemos que o manual Aprender Português 1 será aquele que mais contribui para o desenvolvimento de competências comunicativas de entre o universo de manuais considerados: 70,59% dos alunos que o usam pensa que este contribui muito adequadamente ou adequadamente para o desenvolvimento de competências comunicativas. O manual Português XXI 1 surge em segundo lugar, com 55,55% das respostas. Este resultado corresponde ao objetivo dos dois manuais, que foram elaborados com base numa abordagem comunicativa.

Mas a percentagem atribuída ao manual Português para o Ensino Universitário 1 (50%) é suficientemente significativa para merecer uma atenção especial. Tal como os manuais Novo Português Sem Fronteiras 1 e Curso de Português para Chineses 1, esta obra não dá particular atenção às competências comunicativas, mas alcançou uma percentagem muito mais alta do que os 25% e 28,57% registados por aquelas duas publicações. O que poderá estar na origem desta perceção?

Pensamos que a principal causa poderá residir no facto de estes alunos usarem o Português para o Ensino Universitário 1 na aula de Português I e, ao mesmo tempo, utilizarem o Aprender Português 1 na disciplina de Conversação 1 ou Compreensão Oral/Audiovisual 1. Assim, a percentagem reflete mais do que o mero contributo de Português para o Ensino Universitário 1, sugerindo a vantagem de usar dois manuais ao mesmo tempo, sendo que aquele que segue a abordagem comunicativa pode complementar a falta dos conteúdos desse tipo num manual de base iminentemente gramatical.

Também se questionou os alunos sobre se gostam de comunicar em português com os professores, os colegas ou os amigos nas aulas ou na vida quotidiana. Também em relação a esta pergunta se deteta o papel do manual para o desenvolvimento de competências comunicativas. A vontade de comunicarem em português e a dificuldade de o fazerem representam a competência comunicativa dos estudantes.

As respostas a esta questão foram vertidas no gráfico 6: dois alunos da Universidade de Comunicação da China (22,22%), cujo manual é o Português XXI 1, nem sempre gostam de comunicar em português e têm muita dificuldade em fazê-lo; entre os alunos da Universidade de Línguas Estrangeiras de Jilin Huaqiao, que usam o manual Curso de Português para Chineses 1, a percentagem é de 21,43%; 30% dos alunos da Universidade de Línguas Estrangeiras de Dalian (usam o manual Aprender português 1 e Português para o Ensino Universitário 1) e 25% dos alunos da Universidade de Estudos Internacionais de Beijing responderam de forma similar.

As diferenças percentuais entre cada universidade, tendo em conta o manual usado, não são muito significativas, sendo que a maior parte, mais de 70% dos alunos inquiridos, gosta de comunicar em português com os professores, os colegas ou os amigos, quer em contexto de aula, quer na vida quotidiana, apesar de sentirem dificuldades em se expressarem nessa língua. Podemos afirmar então que, de acordo com a amostra, os cinco manuais parecem contribuir para o desenvolvimento das competências comunicativas.

Gráfico 6 - Perceções sobre o Uso da Língua Portuguesa na Comunicação

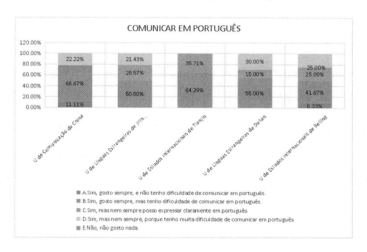

Fonte: Elaboração própria.

5.2. Conteúdos Linguísticos

Os conteúdos linguísticos desempenham um papel muito importante no ensino-aprendizagem de uma língua estrangeira, constituindo uma base crucial para o desenvolvimento de diversas competências em relação à língua-alvo. Vejamos o que a este respeito se pode ler no QECRL:

> *O desenvolvimento das competências linguísticas é um aspeto central e indispensável da aprendizagem de uma língua. Como é que se poderá facilitar esse desenvolvimento no que respeita ao vocabulário, à gramática, à pronúncia e à ortografia? (QECRL, 2001: 208)*

A competência linguística é definida como o conhecimento de recursos formais, a partir dos quais se podem elaborar e formular mensagens corretas e significativas, bem como a capacidade para os usar (QECRL, 2001: 157). Ou seja, para comunicar, é necessário possuir competência linguística, que deve ser desenvolvida durante o processo de ensino -aprendizagem, a partir de contextos concretos de comunicação e através das suas componentes principais: vocabulário, gramática, pronúncia e ortografia.

Temos que ter em conta que as duas línguas, o chinês e o português, têm origens muito distintas. O chinês pertence à família das línguas sino-tibetanas e o português às línguas românicas, tal como o francês, o espanhol e o italiano, entre outras línguas europeias. A aprendizagem dos conteúdos linguísticos é mais importante para os alunos de PLE de língua materna chinesa do que para os que possuam uma língua materna de raiz românica. Por um lado, a língua chinesa e a língua portuguesa são fonética e gramaticalmente muito diferentes e, por outro, o português é complexo e difícil, tanto ao nível da pronúncia como da gramática. Portanto, o seu ensino-aprendizagem requer bastante paciência e os conteúdos linguísticos têm de ser apresentados aos chineses de forma clara e acessível.

Tavares aponta vários critérios úteis para avaliar os conteúdos linguísticos de um manual:

Em relação aos conteúdos linguísticos, faremos uma análise em relação a quatro aspectos que lhes estão subjacentes:

• fonética e ortografia - verificaremos se este aspecto é tomado em consideração e o modo como estes conteúdos são trabalhados ao longo do manual: discriminação de sons, acentuação, sílabas tónicas, entoação, regras ortográficas e sua relação com regras fonéticas, etc.;

• *gramática - a forma como é apresentada, o papel que os aspectos gramaticais têm dentro do processo de ensino/aprendizagem apresentado e seguido no manual, a contextualização das explicações e das actividades gramaticais;*

• *léxico - a selecção dos conteúdos lexicais e a sua relação com os temas explorados, a sua relevância e a sua adaptação ao público-alvo, a existência de exercícios que permitam a sua memorização e utilização;*

• *progressão - a existência de princípios de progressão que dependem dos critérios que determinaram a organização dos conteúdos, a progressão deverá ser adequada ao grau de dificuldades exigida na aquisição dos vários aspectos estudados. (TAVARES, 2008: 80-81)*

Quanto à "progressão", existem, de acordo com o QECRL, vários critérios referenciais. Em primeiro lugar, a complexidade inerente à gramática não deve ser o único princípio de progressão, existindo vários outros fatores a considerar, tais como a produtividade comunicativa das categorias gramaticais, o contraste entre a língua materna e a língua-alvo, o discurso oral, o texto escrito autêntico e a ordem "natural" de aquisição da língua materna (QECRL, 2001: 210-211). Dada a dificuldade sentida pelos alunos chineses na aprendizagem de PLE já referida e a importância da gramática como base indispensável, adaptamos o critério da complexidade inerente à gramática para analisar a progressão dos conteúdos de cada manual. Os conteúdos de maior simplicidade gramatical ou de complexidade relativa são mais facilmente apreendidos pelos aprendentes chineses.

Os conteúdos gramaticais são introduzidos de forma gradual, nos cinco manuais analisados, através de textos e diálogos feitos em função da gramática e do léxico a serem apreendidos. O manual Português XXI 1 inclui mais conteúdos gramaticais do que os restantes. Por exemplo no que diz respeito ao sistema verbal, este manual propõe aos aprendentes que aprendam a expressar ações realizadas no momento da enunciação (presente do indicativo), ações com duração continuada no momento da enunciação (estar a + infinitivo) e ações concluídas no passado (pretérito perfeito simples); também introduz o imperativo como modo a utilizar para dar ordens ou fazer pedidos), o pretérito imperfeito de cortesia e a perífrase verbal para expressar o futuro próximo (ir + infinitivo).

O Aprender português 1 não se refere ao Imperativo; o manual Novo Português Sem Fronteiras 1 não considera o Pretérito Imperfeito; o Curso Português para os Chineses 1 não faz referência ao Pretérito Perfeito Simplese nem ao Pretérito Imperfeito; e o Português para o Ensino Universitário 1 não menciona o Imperativo. De uma forma geral, no entanto, consideramos que a progressão dos conteúdos gramáticos proposta nestes cinco manuais é adequada aos aprendentes no nível de iniciação (A1/A2 do QECRL).

Analisamos também os conteúdos fonéticos, lexicais e gramaticais nestes cinco manuais.

O manual Aprender Português 1 tem pequenos exercícios áudio no final de cada unidade, mas não dá muita importância à fonética. Todas as unidades incluem exercícios de produção escrita, mas não focam as regras ortográficas nem a sua relação com as regras fonéticas. A gramática é apresentada de maneira simples, normalmente após um diálogo ou um texto que serve de base à explicação, a que se seguem exercícios. O vocabulário surge no final de cada unidade, com as palavras organizadas por contexto de utilização (ex. despedidas, serviços de um

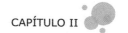

hotel, serviços de saúde etc.), com o cuidado de sublinhar a concordância entre o verbo, o nome e a preposição. Na Ilustração 3 reproduz-se uma imagem das prposta relativas aos exercícios áudio, outra relativa à síntese gramatical e uma outra relativa à síntese do vocabulário da unidade.

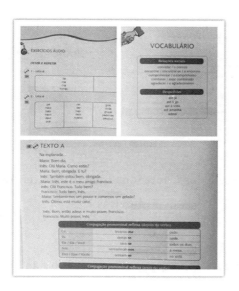

Ilustração 3 - Exemplo dos Conteúdos Linguísticos do Aprender Português 1[1]

No manual Novo Português Sem Fronteiras 1 não existem atividades centradas na fonética. Há exercícios de produção escrita ("vamos lá escrever"), mas não se destaca a importância da ortografia. Todas as unidades contêm áreas gramaticais/estruturas na primeira página, introduzidas por meio de um diálogo. Depois, a gramática é apresentada e explicada, com alguns exemplos e exercícios para a sua aplicação. No final de cada unidade, apresenta-se o vocabulário (verbos,

---

[1] OLIVEIRA, Carla; COELHO, Luísa; BALLMANN, Maria José e CASTELEIRO, João Malaca (2012). Aprender Português 1, Lisboa: Texto Editores, Lda, pp. 30, 34 e 35.

nomes, adjetivos e expressões), que permite aos aprendentes desenvolverem
o léxico. Podem observar-se essas áreas gramaticais/estruturas e a lista de
vocabulário na Ilustração 4.

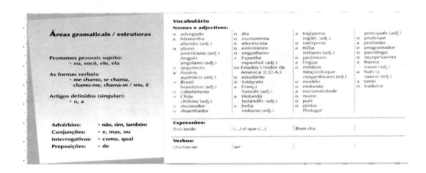

Ilustração 4 - Exemplo dos Conteúdos Linguísticos do Novo Português Sem Fronteiras 1[1]

O manual Português XXI 1 propõe exercícios de audição e de repetição
especialmente concebidos para treino da fonética, no final de cada unidade,
mas não sistematiza as regras fonéticas. Quanto à ortografia, existem exercícios
de produção escrita ao longo de toda a unidade, mas sem enunciar as regras
ortográficas ou a sua relação com as regras fonéticas. O manual apresenta
de maneira muito simplificada os conteúdos gramaticais apenas no apêndice
existente no final de cada unidade, apesar de destacar alguns pontos gramaticais
e comunicativos importantes no início de cada unidade. Também não apresenta
qualquer lista de vocabulário ou explicação sobre verbos e locuções relacionados
com o tema proposto, o que aumenta o trabalho do professor. Pode observar-se um

---

① COIMBRA, Isabel e COIMBRA, Olga Mata (2009). Novo Português Sem Fronteiras 1, Lisboa: Lidel – Edições Técnicas, Lda. pp. 8 e 13.

exemplo do tratamento dado aos pontos gramaticais e comunicativos importantes, do apêndice gramatical e dos exercícios de fonética na Ilustração 5.

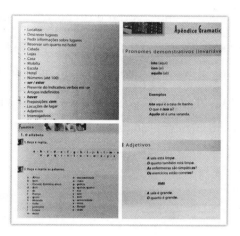

Ilustração 5 - Exemplo dos Conteúdos Linguísticos do Português XXI 1[2]

O Curso de Português para Chineses 1 tem uma estrutura diferente dos manuais portugueses. Na primeira página de cada unidade, apresenta-se uma síntese dos conteúdos linguísticos. Inicia-se o tema com um diálogo, apresentando-se de seguida o vocabulário relacionado e mais um diálogo ou texto com o respetivo vocabulário, a que se seguem cinco partes: "texto", "léxico e estrutura", "fonética" (desde a unidade 1 à 8), "gramática" e "exercícios". O manual presta particular atenção à fonética e à ortografia, com grande apoio áudio, e explica claramente as regras de acentuação das sílabas e da divisão silábica, as regras ortográficas e a sua relação com as regras fonéticas. O vocabulário é traduzido de português para chinês e, na parte relativa ao "léxico e estrutura", explica como

---

[2]   TAVARES, Ana (2012). Português XXI 1, Lisboa: Lidel – Edições Técnicas, Lda., pp. 19, 23 e 40.

usar as palavras para evitar confusões e erros comuns, põe em relevo as diferenças de significado entre palavras similares ortográfica e/ou foneticamente, chama a atenção para concordância entre verbo e preposição, entre outros. Na parte dedicada à gramática apresentam-se todos os conteúdos gramaticais introduzidos pelo diálogo ou pelo texto de cada unidade, sendo que todas as explicações são feitas na língua de origem, o chinês. A Ilustração 6 exemplifica os conteúdos linguísticos que se podem encontrar no manual.

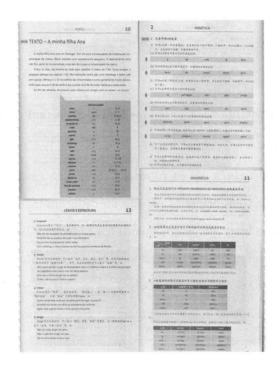

Ilustração 6 - Exemplo dos Conteúdos Linguísticos do Curso de Português para Chineses 1[①]

---

① XU, Yixing e ZHANG, Weiqi (2012). Curso de Português para Chineses 1, Shanghai: Imprensa de Educação de Línguas Estrangeiras de Shanghai, pp. 12, 93, 105 e 125.

O manual Português para o Ensino Universitário 1 tem também uma estrutura singular. A síntese dos conteúdos linguísticos surge no começo de cada unidade, a que se segue vários diálogos ou textos, acompanhados com vocabulário e expressões usuais e, às vezes, vocabulário adicional e informações suplementares que contêm léxico ligado ao tema não existentes no texto. Depois apresenta-se a fonética, a gramática e os exercícios. A parte de fonética conta com abundantes exemplos áudio e inclui as regras fonéticas sobre sons, acentuação, sílabas e hiatos, etc. Também enuncia regras ortográficas e a sua relação com as regras fonéticas, por exemplo, as regras relativas à translineação.

Sublinhe-se que os manuais chineses não são elaborados segundo o novo acordo ortográfico da língua portuguesa, mas o professor explica os conteúdos mais importantes do novo acordo na aula. O léxico é traduzido para chinês, o que facilita ao aprendente a compreensão do texto, apesar de não existir qualquer explicação sobre o uso de vocábulos.

A gramática é apresentada de forma bem organizada, em chinês. Uma boa competência gramatical é indispensável no ensino-aprendizagem de PLE, especialmente para os aprendentes chineses, uma vez que constitui uma condição prévia para desenvolver as capacidades de compreensão e produção escrita e oral, de tradução e interpretação, bem assim como as competências comunicativas. Para tal, pensamos que é mais conveniente apresentar os conteúdos gramaticais na língua materna dos aprendentes, pelo menos no nível inicial. A vantagem é visível, pois o aprendente evita a perda de informações em língua desconhecida e sente-se mais confiante. A Ilustração 7 exemplifica o tratamento dado aos conteúdos linguísticos deste manual.

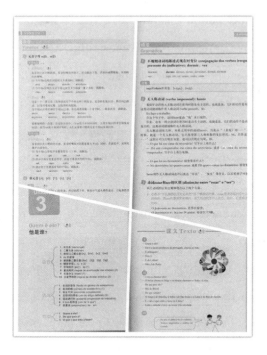

Ilustração 7 - Exemplo dos Conteúdos Linguísticos de Português para o Ensino Universitário 1[1]

Os Gráficos 7 e 8 esquematizam as respostas dos alunos acerca do contributo dado pelo manual para a aquisição de conhecimentos de fonética, para o desenvolvimento do léxico e para a aquisição de conhecimentos sobre a estrutura gramatical. Repete-se a questão em relação ao desenvolvimento de competências de compreensão e produção escrita, de compreensão e produção oral, de tradução e de interpretação.

---

[1] YE, Zhiliang (2010). Português para Ensino Universitário 1, Beijing: Imprensa de Ensino e Pesquisa de Línguas Estrangeiras, pp. 18, 30, 31 e 139.

Gráfico 7 - Contributo Dado pelo Manual para a Aquisição de Conhecimentos de Fonética, o Desenvolvimento do Léxico e a Aquisição de Conhecimentos sobre a Estrutura Gramatical

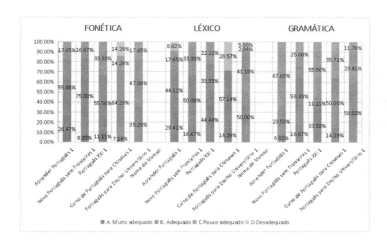

Fonte: Elaboração própria.

Para avaliar o contributo dado pelo manual para a aquisição de conhecimentos de fonética, o desenvolvimento do léxico e a aquisição de conhecimentos sobre a estrutura gramatical, somamos as percentagens das escolhas de tipo A e B (muito adequado e adequado), que revelam o contributo positivo dado pelo manual para os aspetos referidos acima.

Na área de fonética, 28 alunos que usam o manual Aprender Português 1 acham que este contribui positivamente para a aquisição de conhecimentos de fonética (82,35% do total de alunos inquiridos); 10 alunos que usam o manual Novo Português Sem Fronteiras 1 (83,33%), seis alunos que usam o manual Português XXI 1 (66,67%), 10 alunos que usam o manual Curso Português para os Chineses 1 (71,43%) e 28 alunos que usam Português para o Ensino Universitário

1 (82,35%) pensam que os respetivos manuais contribuem muito adequada ou adequadamente para a aquisição de conhecimentos de fonética. De acordo com as percentagens apresentadas acima, Novo Português Sem Fronteiras 1 é o manual que mais alunos dizem contribuir para a aquisição de conhecimentos de fonética, o que não corresponde à nossa análise nem à resposta do professor.

A nossa análise demonstra que o manual não inclui atividades centradas na fonética e a resposta do professor inquirido também aponta um contributo do manual desadequado para a aquisição de conhecimentos de fonética. Face a isto, pensamos que uma explicação para estas as respostas por parte dos inquiridos alunos possa residir no facto de eles terem outros materiais complementares de fonética e os utilizarem também na aula de português elementar, não tendo na sua resposta considerado apenas o contributo do manual em específico.

Em relação ao léxico, 25 alunos que usam o manual Aprender Português 1 acham que este contribui muito adequada ou adequadamente para o desenvolvimento do léxico (73,53%). De igual modo, oito alunos que usam o manual Novo Português Sem Fronteiras 1 (66,67%), sete dos alunos que usam Português XXI 1 (77,77%), 10 alunos que usam o Curso Português para os Chineses 1 (71,43%) e 31 alunos que usam Português para o Ensino Universitário 1 (91,18%) pensam que os respetivos manuais contribuem muito adequada ou adequadamente para o desenvolvimento do léxico.

Quanto à gramática, 11 dos alunos que usam o manual Aprender Português 1 consideram que o mesmo contribui muito adequada ou adequadamente para a aquisição de conhecimentos sobre as estruturas gramaticais (32,35%). De forma semelhante responderam nove alunos que usam o manual Novo Português Sem Fronteiras 1 (75%), quatro alunos que usam o manual Português XXI 1 (44,44%), nove alunos que usam o Curso de Português para Chineses 1 (64,29%) e 30 alunos

que usam Português para o Ensino Universitário 1 (88,23%).

Comparando os dados nas três áreas conclui-se que, em geral, o manual Português para o Ensino Universitário 1 contribui mais para a aquisição de conhecimentos linguísticos do que outros manuais analisados nesta dissertação, pelo menos é essa a perceção dos alunos inquiridos. Os dados revelam uma clara superioridade nas áreas de léxico e de gramática e uma ligeira desvantagem (de 0.98%) em relação ao Novo Português Sem Fronteiras 1 na área de fonética.

Gráfico 8 - Contributo Dado pelo Manual para o Desenvolvimento de Competências de Compreensão e Produção Escrita, de Compreensão e Produção Oral e de Tradução e Interpretação

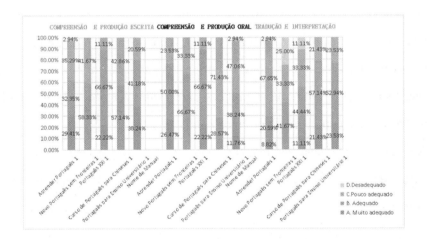

Fonte: Elaboração própria.

Os conteúdos linguísticos visam contribuir para desenvolver as quatro capacidades de compreensão e de produção e as capacidades de tradução e interpretação incluídas no programa de ensino-aprendizagem de línguas da China continental, oferecendo a base para o desenvolvimento das competências comunicativas. O Gráfico 8 sistematiza a perceção dos inquiridos acerca do contributo do manual para o desenvolvimento de competências de compreensão e produção escrita, de compreensão e produção oral e de tradução e interpretação. Também neste caso somamos as percentagens das escolhas A e B (muito adequado e adequado) para fazer a análise.

No que se refere às competências de compreensão e produção escrita, o manual Português XXI 1 parece contribuir de forma mais adequada do que os outros quatro manuais para o desenvolvimento destas competências: a percentagem atribuída ao Português XXI 1 (88,89%) é muito mais alta do que as atribuídas aos restantes manuais (61,76%; 58,33%; 57,14% e 79,41%).

No que toca às competências de compreensão e produção oral, o manual Português XXI 1 regista igualmente uma vantagem notável, com a percentagem de 88,89%. O manual Aprender Português 1 surge em segundo lugar, com 76,47%. Estes dois manuais foram concebidos com base na abordagem comunicativa pelo que, em teoria, terão melhores condições para promover o desenvolvimento de competências de compreensão e produção oral.

Sobre as competências de tradução e interpretação, os manuais chineses Curso de Português para Chineses 1 e Português para o Ensino Universitário 1, com percentagens de 78,57% e de 76,47%, contribuirão muito mais adequadamente do que os manuais portugueses para o desenvolvimento destas competências que não fazem parte do QECRL (ou seja, o desenvolvimento destas competências não consta dos objetivos do programa de ensino-aprendizagem de línguas na Europa).

5.3. Conteúdos Culturais

Já tivemos oportunidade de sublinhar a relação entre língua e cultura e a importância dos conteúdos culturais num manual para o ensino-aprendizagem de

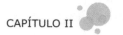

uma língua estrangeira. Referimos, em particular, os aspetos característicos de uma determinada sociedade europeia e da sua cultura definidos no QECRL e a forma mais adequada de os transmitir, no ponto 2.3 do CAPÍTULO I, no qual refletimos sobre a importância dos manuais para a transmissão de conteúdos linguísticos e culturais. Acrescentem-se agora as sugestões de Tavares sobre a análise dos conteúdos culturais:

> *Tal como faremos em relação aos conteúdos comunicativos e linguísticos, também se deverá analisar a inclusão dos conteúdos culturais e a diversidade cultural apresentada: a apresentação dos diferentes países e regiões onde se fala a língua portuguesa, com as suas especificidades; cenas da vida quotidiana; tipos humanos; hábitos e tradições; gostos e preferências; referências gastronómicas; referência a tópicos e lugares comuns; notícias importantes; personagens conhecidas de várias áreas; roteiros, etc. Outro aspecto importante a analisar será a quantidade de documentos autênticos e a representação gráfica e real dos aspectos culturais, de modo a se poder evitar o mais possível uma apresentação estereotipada, que dependa exclusivamente da visão pessoal do autor. (TAVARES, 2008: 81)*

A estratégia para apresentação de conteúdos culturais nos manuais investigados e os aspetos mais importantes desses mesmos conteúdos adequam-se às propostas para o tratamento de questões socioculturais apresentadas pelo QECRL. Mas os alunos do nível de iniciação têm uma limite de competência linguística, ainda relativamente limitados e, tal como, deve haver o cuidado de usar estruturas e léxico simples para a apresentação desses conteúdos.

Além dos aspetos culturais e sociais relativos a questões de natureza mais pragmática relacionadas com a vida quotidiana, importa referir também o contributo dado pela literatura como disciplina presente em quase todos os cursos de língua estrangeira, desempenhando este tipo particular de textos um papel muito importante ao fornecerem diversidade de estímulos para a realização de atividades que não só envolvem as quatro competências linguísticas fundamentais, mas que também refletem a cultura do(s) povos(s) falante(s) da língua-alvo e constituem a própria identidade do aprendente como sujeito participante de uma comunidade global. Acresce que as atividades realizadas a partir de poemas, contos e pequenos romances têm um forte poder motivacional, podendo mais facilmente despertar o interesse dos alunos.

Ur apresenta as vantagens do recurso ao texto literário para o ensino de línguas estrangeiras em A Course in Language Teaching: Practice and Theory:

BOX 14.2.1: ADVANTAGES OF LITERATURE TEACHING

– Literature can be very enjoyable to read.

– It provides examples of different styles of writing, and representations of various authentic uses of the language.

– It is a good basis for vocabulary expansion.

– It fosters reading skills.

– It can supply an excellent jump-off point for discussion or writing.

– It involves emotions as well as intellect, which adds to motivation and may contribute to personal development.

– It is a part of the target culture and has value as part of the learners' general education.

– It encourages empathetic, critical and creative thinking.

– It contributes to world knowledge.

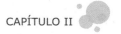

– It raises awareness of different human situations and conflicts.

(UR, 1996: 201)

A autora considera que a literatura pode ser uma forma muito agradável de exercitar a leitura, para além de apresentar diferentes estilos de escrita que representam vários usos autênticos da língua-alvo, promover habilidades de leitura, sendo uma boa base para a expansão do vocabulário, dando a conhecer a cultura de destino e contribuindo para o desenvolvimento pessoal do aluno e para o seu conhecimento do mundo.

De facto, a literatura é uma ferramenta muito útil, que estimula um maior conhecimento sobre outras culturas e o exercício da imaginação quando os aprendentes escrevem os seus próprios textos. Adicionalmente, a literatura faz com que o ensino e a aprendizagem da língua estrangeira não só se torne mais fácil e agradável, como também mais produtivo. Por exemplo, a declamação de poesia ou a aprendizagem da letra de uma música podem ser tão interessantes que motivem os alunos para a aprendizagem, tornando o cumprimento das tarefas de aprendizagem mais agradável.

Ao mesmo tempo, a literatura potencializa a formação de um ser humano completo e consciente, na medida em que promove o autoconhecimento, a compreensão do comportamento humano e o enriquecimento cultural.

Verificando a utilidade que o texto literário pode ter no ensino de língua estrangeira, incluímos no nosso questionário uma pergunta sobre o contributo dado pelo manual para a aquisição de conhecimentos sobre a literatura em língua portuguesa. Mas, antes de mais, analisamos os conteúdos culturais dos cinco manuais selecionados.

Apesar das vantagens já enumeradas para os aprendentes, os utilizadores do manual Aprender Português 1 não têm acesso a conteúdos culturais autênticos dos países lusófonos. A vida quotidiana dos portugueses é apresentada em textos e diálogos manipulados, excluindo temas mais abrangentes e carecendo do apoio de imagens autênticas.

O manual Novo Português Sem Fronteiras 1 visa a construção de um saber linguístico, através de textos ou diálogos forjados, que se centram na vida quotidiana de uma família portuguesa e de uma aluna angolana em Portugal. Neste manual, existem poucos conteúdos socioculturais e escassos documentos autênticos. O manual dá a conhecer os costumes, as tradições e a gastronomia dos portugueses e um pouco sobre o país por meio de fotografias e ilustrações, mas não se refere à sociedade, à história ou ao contexto político.

Com o objetivo de desenvolver as competências comunicativas, o manual Português XXI 1 não descura a apresentação dos conteúdos culturais, que abordam não só aspetos da vida quotidiana, mas também os valores, as crenças e até as convenções sociais dos portugueses. Mas quase todos os aspetos culturais se focam em Portugal, não fazendo referência aos demais países da língua portuguesa. O manual possui muitas fotografias da paisagens, da arquitectura típica e da comida portuguesa para o aprendente poder formar uma imagem própria do país da língua-alvo, não sendo influenciando pela visão do autor ou do professor.

Quanto ao Curso de Português para Chineses 1, apresenta poucos conteúdos culturais sobre a vida quotidiana através de textos e diálogos. Pensamos que tal se deve à limitação linguística e lexical característica de um nível inicial, sendo tais conteúdos culturais sobre a China e Portugal reservados para os manuais Curso de Português para Chineses 2 e 3. Todas as unidades apresentam fotografias de lugares emblemáticos de algumas das principais cidades portuguesas como o Castelo de São Jorge e a Torre de Belém, em Lisboa; a Igreja do Bom Jesus,

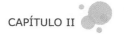

em Braga; ou a Universidade de Coimbra, para os alunos chineses "visitarem" Portugal, mas sem que estas imagens sejam acompanhadas de qualquer comentário explicativo.

Similarmente, o Português para o Ensino Universitário 1 inclui poucos conteúdos culturais, mas no manual de seguimento, Português para o Ensino Universitário 2, surgem mais conteúdos culturais e históricos, incluindo até poemas portugueses e brasileiros. Apesar disso, o manual apresenta já fotografias sobre o Brasil, Angola e Moçambique e procede a algumas abordagens comparativas entre conteúdos da cultura chinesa e da(s) dos países de língua portuguesa, como se observa na ilustração 8.

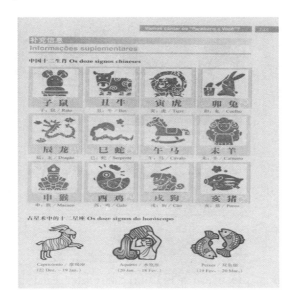

Ilustração 8 - Exemplo dos conteúdos culturais do Português para o Ensino Universitário 1[1]

---

[1]   YE, Zhiliang (2010). Português para Ensino Universitário 1, Beijing: Imprensa de Ensino e Pesquisa de Línguas Estrangeiras. p. 245.

Os Gráficos 9 e 10 refletem a análise das respostas dos alunos acerca do contributo do manual para a aquisição de conhecimentos sobre a literatura de língua portuguesa, sobre as culturas, os povos, os países ou as regiões de língua portuguesa e também sobre os aspetos socioculturais relativos aos países lusófonos que são mais familiares, tendo em conta o manual que utilizam.

Gráfico 9 - Contributo Dado pelo Manual para a Aquisição de Conhecimentos sobre a Literatura de Língua Portuguesa, as Culturas, os Povos, os Países ou as Regiões de Língua Portuguesa

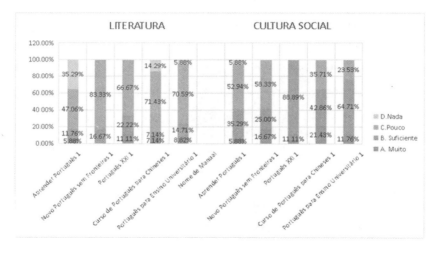

Fonte: Elaboração própria.

Seis dos alunos que usam o manual Aprender Português 1 acham que este contribui muito ou o suficiente para a aquisição de conhecimentos sobre a literatura de língua portuguesa (17,64%). De igual forma, dois utilizadores do Novo Português Sem Fronteiras 1 (16,67%), três alunos que usam o manual Português XXI 1 (33,33%), dois alunos que usam o Curso de Português para Chineses 1 (14,28%) e oito alunos que usam Português para o Ensino Universitário

1 (23,53%) pensam que os respetivos manuais contribuem muito ou o suficiente para a aquisição de conhecimentos sobre a literatura portuguesa. Ou seja, de uma maneira geral, nenhum dos cinco manuais dá importância suficiente aos conteúdos sobre a literatura de língua portuguesa e os alunos mostram ter consciência disso.

Já discorremos sobre a utilidade da literatura no contexto do ensino-aprendizagem de línguas. O uso de textos literários nos manuais de ensino de línguas estrangeiras tem grande significado, possuindo duas grandes vantagens:

* É um texto autêntico, pois mostra a cultura da língua que os alunos estão a aprender. E, como é sabido, os textos autênticos devem ser privilegiados pelos professores visto que constituem parte da vida dos nativos da língua que se estuda.

* É um texto de indubitável qualidade, que permite aos alunos desenvolverem as quatro competências linguísticas fundamentais num contexto cultural significativo.

O uso de um texto literário faz com que o processo de aprendizagem do aluno inclua aspetos culturais, não apenas gramaticais ou estruturais, permitindo ainda que os alunos se familiarizem com vários aspetos da língua-alvo. Posto isto, defendemos que as editoras deem mais atenção à literatura e reservem mais espaço para o texto literário na conceção de manuais de PLE.

Em relação à cultura e sociedade, 14 alunos que usam o manual Aprender Português 1 acham que este contribui muito ou o suficiente para a aquisição de conhecimentos sobre estes aspetos (41,17% do total de alunos). Da mesma forma responderam cinco utilizadores do Novo Português Sem Fronteiras 1 (41,67%), nove alunos que usam o manual Português XXI 1 (100%), nove alunos que usam o Curso de Português para Chineses 1 (64,29%) e 26 alunos que usam Português para o Ensino Universitário 1 (76,47%) pensam que os respetivos manuais contribuem muito ou o suficiente para a aquisição de conhecimentos sobre as culturas, os povos, os países ou as regiões de língua portuguesa.

Como facilmente se observa no Gráfico 9, o manual Português XXI 1 será o que, na opinião dos alunos, mais contribui para a aquisição de conhecimentos sobre a cultura e a sociedade, o que corresponde também à nossa análise.

Gráfico 10 - Contributos do Manual para a Aquisição de Conhecimentos sobre Aspetos Sociais e Culturais dos Países de Língua Portuguesa

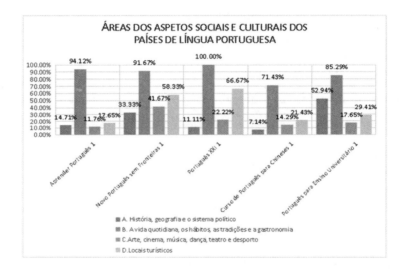

Fonte: Elaboração própria.

Na pergunta sobre os aspetos sociais e culturais dos países de língua portuguesa que são mais familiares/conhecidos graças ao manual, podia assinalar-se mais do que uma opção.

O Gráfico 10 mostra, sem sombra de dúvida, que "a vida quotidiana, os hábitos, as tradições e a gastronomia" (escolha B) são os aspetos mais conhecidos, com as percentagens de 94,12%; 91,67%; 100%; 71,43% e 85,29% em relação aos manuais Aprender Português 1, Novo Português Sem Fronteiras 1, Português XXI

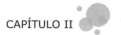

1, Curso de Português para Chineses 1 e Português para o Ensino Universitário1, respetivamente.

Em relação ao manual Aprender Português 1, as áreas de "história, geografia e sistema político" (escolha A), de "arte, cinema, música, dança, teatro e desporto" (escolha C) e os "locais turísticos" (escolha D) registaram percentagens relativamente próximas, de 14,71%; 11,76% e 17,65%.

No Novo Português Sem Fronteiras 1, a escolha D "locais turísticos" surge em segundo lugar, com 58,33% das respostas; seguindo-se as áreas de "arte, cinema, música, dança, teatro e desporto" (escolha C) e de "história, geografia e sistema político" (escolha A) com 41,67% e 33,33%, respetivamente.

A ordem das respostas em relação ao Português XXI 1 e ao Curso de Português para Chineses 1, é semelhante à do Novo Português Sem Fronteiras 1: as escolhas D, C e A ficam em segundo (66,67% e 21,43%, respetivamente), terceiro (22,22% e 14,29%) e quarto lugares (11,11% e 7,14%).

A situação é um pouco diferente para os utilizadores do livro Português para o Ensino Universitário 1. A opção A, referente às áreas de "história, geografia e o sistema político" foi a segunda mais escolhida (52,94% dos inquiridos), seguindo-se a opção D "locais turísticos" com 29,41% e a opção C "arte, cinema, música, dança, teatro e desporto" com 17,65%.

5.4. Tipologia dos Exercícios Propostos

Para desenvolver as competências comunicativas, os exercícios propostos devem ter caráter funcional e estimular a comunicação e a interação nos mais diversos ambientes, com objetivos de aprendizagem claros, ao invés de apoiarem o aprendente apenas na construção do seu saber linguístico.

Os exercícios propostos no manual Aprender Português 1 incidem sobre competências de oralidade, de escrita, de audição e de leitura, havendo espaço suficiente para o aprendente responder às perguntas e fazer os exercícios. No final de cada unidade existe um exercício áudio para praticar a fonética. Os exercícios propostos na secção "para ir mais longe..." possuem mais elementos comunicativos, estimulando os alunos a falarem, debaterem ou exporem as suas próprias ideias. O manual inclui quatro testes de revisão, no final das unidades 5, 8, 11 e 14, e um teste final nas últimas páginas do manual. Nestes testes, os exercícios gramaticais e de produção escrita ocupam um lugar muito importante.

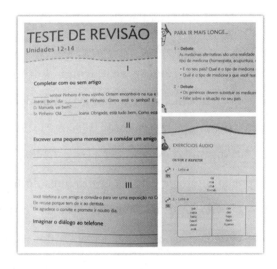

Ilustração 9 - Exemplo dos Exercícios do Aprender Português 1①

Quanto aos exercícios apresentados no Novo Português Sem Fronteiras 1, citemos o comentário de Tavares para a sua primeira edição (1989), que também se adequa à edição mais recente:

---

①   OLIVEIRA, Carla; COELHO, Luísa; BALLMANN, Maria José e CASTELEIRO, João Malaca (2012). Aprender Português 1, Lisboa: Texto Editores, Lda, pp. 90, 100 e 138.

Os exercícios são muitos estruturais, predominando os exercícios de espaços para completar, de ordenação de frases e de pergunta/ resposta, que surgem sempre após a apresentação e explicação das estruturas gramaticais ou de determinadas áreas lexicais, não existindo actividades centradas na fonética ou na ortografia. (TAVARES, 2008: 93)

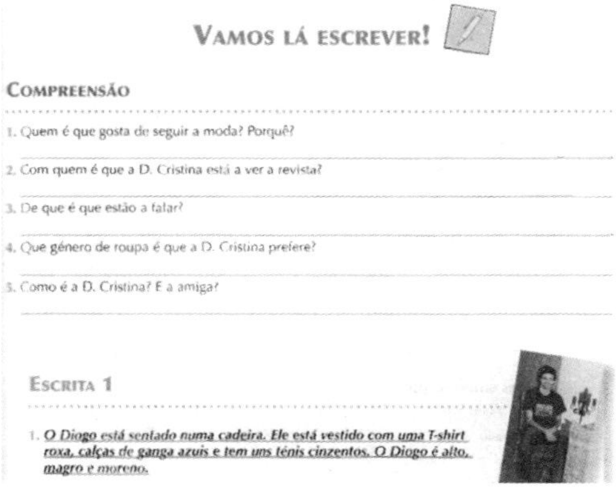
VAMOS LÁ ESCREVER!

COMPREENSÃO

1. Quem é que gosta de seguir a moda? Porquê?
2. Com quem é que a D. Cristina está a ver a revista?
3. De que é que estão a falar?
4. Que género de roupa é que a D. Cristina prefere?
5. Como é a D. Cristina? E a amiga?

ESCRITA 1

1. *O Diogo está sentado numa cadeira. Ele está vestido com uma T-shirt roxa, calças de ganga azuis e tem uns ténis cinzentos. O Diogo é alto, magro e moreno.*

Ilustração 10 - Exemplo dos Exercícios do Novo Português Sem Fronteiras 1[②]

Os exercícios propostos nas 12 unidades do Português XXI 1 são pouco estruturais e visam sobretudo o desenvolvimento da expressão oral. Na sua maioria, supõem situações autênticas, convidam os aprendentes a fazerem um comentário, a darem alguns conselhos, a imaginarem localizações e direções, a descreverem alguma coisa, etc. Todas as unidades têm exercícios especialmente concebidos para o tratamento da fonética. No final de cada três unidades há uma de revisão, onde os exercícios propostos são maioritariamente estruturais: completar

② COIMBRA, Isabel e COIMBRA, Olga Mata (2009). Novo Português Sem Fronteiras 1, Lisboa: Lidel – Edições Técnicas, Lda., p. 65.

frases com os verbos na forma adequada, responder adequadamente às perguntas, formar frases, entre outros. Nesta parte, não existe espaço para exercícios de compreensão e/ou produção oral.

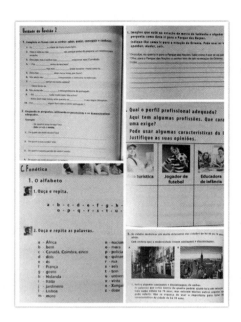

Ilustração 11 - Exemplo dos Exercícios do Português XXI 1[1]

Os exercícios tipo proposto pelo Curso de Português para Chineses 1 e Português para o Ensino Universitário 1 incluem muitas situações semelhantes. A maior parte dos exercícios são gramaticais e de tradução, sem apoio áudio. Também existem exercícios orais: fazer um diálogo numa determinada situação, ler um texto, etc.. No que diz respeito à quantidade, o manual Português para o Ensino Universitário 1 possui mais exercícios do que o Curso de Português para

---

①   TAVARES, Ana (2012). Português XXI 1, Lisboa: Lidel – Edições Técnicas, Lda., pp. 19, 108, 119, 177 e 190.

Chineses 1.

A diferença mais visível entre os exercícios dos manuais portugueses e chineses é a existência de exercícios de tradução nos últimos, uma vez que a tradução é um objetivo significativo no programa de PLE na China continental.

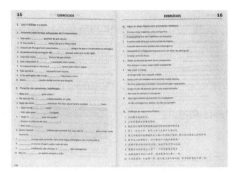

Ilustração 12 - Exemplo dos Exercícios do Curso de Português para Chineses 1[2]

Ilustração 13 - Exemplo dos Exercícios do Português para o Ensino Universitário 1[3]

---

[2]   XU, Yixing e ZHANG, Weiqi (2012). Curso de Português para Chineses 1, Shanghai: Imprensa de Educação de Línguas Estrangeiras de Shanghai, pp. 162-163.

[3]   YE, Zhiliang (2010). Português para Ensino Universitário 1, Beijing: Imprensa de Ensino e Pesquisa de Línguas Estrangeiras, pp. 146-147.

Nos Gráficos 11 e 12 apresentam-se os resultados da análise das respostas sobre os exercícios e as atividades propostos no manual.

Conclui-se que 16 alunos que usam o manual Aprender Português 1 acham que os exercícios deste são diversos e de carácter comunicativo (47,06% do total dos alunos). De igual modo, cinco alunos que usam o manual Novo Português Sem Fronteiras 1 (41,67%), dois utilizadores do manual Português XXI 1 (22,22%), cinco alunos que utilizam o manual Curso Português para os Chineses 1 (35,71%) e quatro alunos que usam o manual Português para o Ensino Universitário 1 (11,76%) consideram estes manuais diversos e de carácter comunicativo.

Gráfico 11 - Perceções sobre a Adequação dos Exercícios e das Atividades Propostos no Manual (Números Totais)

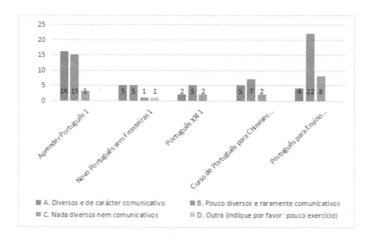

Fonte: Elaboração própria.

Gráfico 12 - Perceções sobre a Adequação dos Exercícios e das Atividades Propostos no Manual (Percentagens)

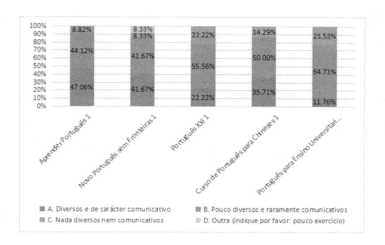

Fonte: Elaboração própria.

Em resumo, os alunos pensam que os exercícios do manual Aprender Português 1 têm mais diversidade e mais elementos comunicativos do que os outros.

Existe um outro ponto que chama a nossa atenção: os alunos pensam que os exercícios do manual Português XXI 1 têm pouca diversidade e poucos elementos comunicativos, sendo a obra que obtém o pior resultado entre os manuais portugueses. Isto é contrário à opinião dos professores que definem os exercícios do manual Novo Português Sem Fronteiras 1 como estruturais, gramaticais, pouco diversificados e raramente comunicativos, e os do manual Português XXI 1 como diversos e de carácter comunicativo.

Provavelmente, isto deve-se à forma de utilização do manual e à competência linguística dos alunos, que é limitada. Considerando a grande diferença entre a língua materna, mandarim, e a língua portuguesa, os alunos necessitam de mais tempo e de mais exercícios para vencerem as dificuldades de pronúncia e de gramática no nível de iniciação. É possível que na aula de português elementar, ao usar o manual Português XXI 1, o professor privilegie a pronúncia e a gramática, relegando para segundo plano a abordagem comunicativa. Para além disso, os alunos não desenvolvem competências linguísticas suficientes através do manual Português XXI 1 para apoiar a realização das atividades comunicativas propostas no mesmo manual. Assim, mais de 77% dos alunos que usam Português XXI 1 considera os seus exercícios pouco ou nada diversos e comunicativos.

Conclusão

Na China continental, a oferta de línguas estrangeiras é limitada. Regra geral, o inglês é a disciplina obrigatória na escola primária e secundária; os alunos quase não têm oportunidade para aprender outra língua estrangeira. O português tem sido visto como uma língua menor porque, de fato, muito poucos chineses a sabem falar, apesar de ser a quarta língua mais falada no mundo, com mais de 250 milhões de falantes.

O ensino de português como língua estrangeira (PLE) na China continental começou na década de 60 do século XX, desenvolvendo-se muito lentamente até à viragem para o século XXI. Até o ano 2000, existiam apenas três universidades com cursos de licenciatura em Língua e Cultura Portuguesas. Porém, desde então as relações de cooperação entre a China e os países lusófonos intensificaram-se enormemente, e os profissionais que falam português são cada vez mais procurados no mercado de trabalho, o que promoveu o ensino de PLE. A quantidade de universidades com licenciaturas em Língua e Cultura Portuguesa subiu de três para duas dezenas, em 2015.

Apesar disso, ainda não há um consenso a nível nacional para a elaboração do programa de ensino de PLE, para refletir acerca da realização de exames de avaliação e dos processos de certificação, para a conceção dos manuais, entre outros aspetos pedagógicos. Neste contexto, os professores da Universidade de Estudos Estrangeiros de Beijing e da Universidade de Estudos Internacionais de Shanghai, duas das universidades pioneiras no ensino de língua e cultura portuguesa, elaboraram cinco manuais de duas séries, Português para o Ensino Universitário 1 e 2 e Curso de Português para Chineses 1, 2 e 3, que servem de apoio à disciplina de Português Elementar, no primeiro e segundo ano da licenciatura de PLE e desempenham um papel muito importante no ensino de PLE na China continental.

A maior parte dos cursos em língua e cultura portuguesas usam ou adotam o Português para o Ensino Universitário e o Curso de Português para Chineses, que são os únicos manuais sistemáticos, progressivos e sintéticos elaborados para o curso de licenciatura de PLE na China continental. Também se usam manuais portugueses e brasileiros, por exemplo, em quatro das cinco universidades chinesas selecionadas para integrar este estudo, usa-se o Aprender Português 1, o Português sem Fronteiras 1 e o Português XXI 1.

Os manuais são excelentes suportes de aprendizagem e todos os manuais analisados ao longo deste trabalho apoiam a aprendizagem de PLE, apesar das suas diferenças de dos seus pontos fortes e fracos. A análise que realizámos permitiu chegar à conclusão que o manual Aprender Português 1 contribui muito para o desenvolvimento das competências comunicativas; o Português XXI 1 tem a maior quantidade de conteúdos culturais dos cinco manuais; o Português sem Fronteiras 1 e o Português para o Ensino Universitário 1 contribuem mais para a aquisição de conhecimentos sobre a estrutura gramatical do que os restantes; o Português para o Ensino Universitário 1 e o Curso de Português para Chineses 1 prestam particular atenção à fonética e à tradução.

Com este estudo, pretendemos não só analisar as características de cada um dos manuais selecionados mas, acima de tudo, apontar a necessidade de existir um manual específico para o contexto chinês, tendo em conta o público-alvo: os

alunos chineses de nível universitário.

Estes aprendentes têm o chinês como língua materna, que é bem diferente e possui raízes distintas da língua portuguesa. Por isso, os aprendentes de língua materna chinesa necessitam de maior enfoque nos conteúdos linguísticos do que os aprendentes europeus, cuja língua materna seja da família das línguas românicas.

Os alunos chineses estão mais familiarizados com uma abordagem tradicional ou estrutural do que com uma abordagem comunicativa, através da experiência de aprendizagem de inglês. A forma de avaliar uma língua estrangeira (principalmente o inglês) no exame de admissão à universidade é baseada em conteúdos gramaticais e lexicais pelo que, para passar no exame, a abordagem tradicional ou gramatical e os exercícios estruturais são muito usados desde a escola primária. Para além disso, apesar de que não existir um consenso nacional para o ensino de PLE, a competência de tradução e interpretação é considerada indispensável na China continental, em igualdade de circunstâncias com as competências de compreensão e produção oral e escrita.

Por isso, deixamos várias sugestões que permitirão avaliar e conceber de raiz manuais e outros materiais didáticos adequados ao ensino-aprendizagem de PLE na China:

* Os conteúdos relativos à fonética devem merecer uma atenção especial no manual.

* Os conteúdos linguísticos e comunicativos têm a mesma importância no manual, não se devendo acentuar apenas um deles.

* O manual deve contribuir adequadamente para o desenvolvimento de competências de tradução e interpretação.

* Como áreas complementares, os conteúdos literários e culturais são necessários, não podendo ser ignorados quer no nível de iniciação, quer no nível

avançado.

* O manual deve permitir o ensino-aprendizagem a partir de uma abordagem comunicativa, ou pelo menos combinar o método tradicional/gramatical com esta abordagem

Neste momento, não há nenhum manual de PLE que satisfaça todas as necessidades dos alunos chineses. É possível que se usem dois manuais simultaneamente para se complementarem: um com mais conteúdos comunicativos, literários e culturais e outro que privilegie a gramática e a tradução.

Quanto à metodologia de ensino de PLE para os alunos chineses, podemos dizer que cada metodologia tem vantagens e desvantagens, pelo que o professor deve adotar várias, de acordo com as circunstâncias reais e específicas.

Com certeza, a abordagem comunicativa tem vantagens visíveis para o desenvolvimento de competências comunicativas que faltam aos alunos chineses. Encorajar os professores a adotarem a abordagem comunicativa é essencial para o desenvolvimento do ensino de PLE na China continental. Mas o ensino e a aprendizagem não dependem exclusivamente do professor, existe uma contraparte na sala de aula. Já referimos anteriormente que os alunos chineses aderem mais facilmente a uma abordagem tradicional devido à experiência de aprendizagem do inglês, pelo que precisam de mais tempo e mais oportunidades para se adaptarem a abordagens comunicativas. É possível que juntar o método tradicional/gramatical e a abordagem comunicativa tenha melhor efeito de ensino/aprendizagem no nível de iniciação.

Além disso, os manuais chineses Português para o Ensino Universitário e Curso de Português para Chineses não são inspirados na abordagem comunicativa, o que não deve influenciar negativamente o uso da abordagem comunicativa em aula. O professor é um sujeito flexível e criativo, que deve realizar o processo de

ensino de forma comunicativa e de acordo com as necessidades e interesses dos seus alunos.

No futuro, os professores chineses podem esforçar-se mais para tornar as suas aulas mais interessantes e atrativas, para ajudarem os alunos a desenvolver equilibradamente as diversas competências, elaborando mais manuais adequados ao ensino-aprendizagem de PLE na China. Os leitores podem promover o uso da abordagem comunicativa na aula, ajudar os alunos a comunicarem em português, procurando mais materiais didáticos na internet ou nos seus países de origem. Os alunos devem adaptar-se às diferentes metodologias de ensino e aproveitar todas as oportunidades para praticarem o português. Pensamos que tudo isto permitirá melhorar a qualidade do ensino de PLE na China continental e esperamos que o trabalho realizado ao longo desta dissertação possa funcionar como um estímulo e um auxiliar inspirador para todos os agentes do processo de ensino-aprendizagem de PLE que queiram participar da mudança.

Bibliografia e Sitografia

A) Manuais

COIMBRA, Isabel e COIMBRA, Olga Mata (2009). Novo Português Sem Fronteiras 1, Lisboa: Lidel – Edições Técnicas, Lda.

OLIVEIRA, Carla; COELHO, Luísa; BALLMANN, Maria José e CASTE-LEIRO, João Malaca. Aprender Português 1, Lisboa: Texto Editores, Lda.

TAVARES, Ana (2012). Português XXI 1, Lisboa: Lidel – Edições Técnicas, Lda.

XU, Yixing e ZHANG, Weiqi (2012). Curso de Português para Chineses 1, Shanghai: Imprensa de Educação de Línguas Estrangeiras de Shanghai.

YE, Zhiliang (2010). Português para Ensino Universitário 1. Beijing: Imprensa de Ensino e Pesquisa de Línguas Estrangeiras.

B) Bibliografia Geral

AVELINO, Cristina (1999). Regarder Autrement les Manuais de FLE. Atas-Manuais Escolares-Estatuto, Funções, História. Braga: Instituto de Educação e Psicologia da Universidade do Minho.

BIZARRO, Rosa; MOREIRA, Maria Alfredo e FLORES, Cristina (2013). Português Língua Não Materna: Investigação e Ensino, Lisboa: Lidel – Edições

Técnicas, Lda.

CHOPPIN, Alain (1988). Les Manuels Scolaires en France de 1789 à nos jours: Les manuels de latin. Paris: Institut National de Recherche Pédagogique, Publications de la Sorbonne.

Conselho da Europa (2001). Quadro Europeu Comum De Referência Para As Línguas – Aprendizagem, Ensino, Avaliação. Porto: ASA Editores II, S.A..

FAN, Baoxuan (2015). Recrutamento, Formação e Emprego dos Cursos Específicos de Linguagem Não-universal. Beijing: Communication University of China Press.

FRIAS, Maria José (1991). Pedagogia Intercultural e Formação de Professores de Português, Língua Estrangeira. Atas - Português como língua estrangeira. Macau: Direção dos Serviços de Educação, Fundação Macau, Universidade da Ásia Oriental, Instituto Português do Oriente.

GIL, Antônio Carlos (1999). Métodos e Técnicas de Pesquisa Social. Sexta Edição. São Paulo: Atlas.

GÉRARD, François-Marie e ROEGIERS, Xavier (1998). Conceber e Avaliar Manuais Escolares. Porto: Porto Editora.

GROSSO, Maria José dos Reis (2007). O Discurso Metodológico do Ensino do Português em Macau a Falantes de Língua Materna Chinesa. Macau: Universidade de Macau.

GROSSO, Maria José dos Reis e CLETO, Ana Paula (2014). O Português na China - Ensino e Investigação, Lisboa: Lidel – Edições Técnicas, Lda.

RIBEIRO, António Carrilho (1991). Manuais Didácticos, Desenvolvimento Curricular e Inovação Linguística. Actas, Português como Língua Estrangeira. Direção dos Serviços de Educação – Fundação de Macau, Universidade da Ásia Oriental, Instituto do Oriente: Macau.

SÁNCHEZ LOBATO, Jesús e SANTOS GARGALLO, Isabel (2004). Vademécum para La Formación De Profesores - Enseñar Español Como Segunda Lengua (L2)/ Lengua Extranjera (LE), Madrid: SGEL.

TAVARES, Ana (2008). Ensino/Aprendizagem do Português como Língua Estrangeira. Lisboa: Lidel – Edições Técnicas, Lda.

UR, Penny (1996). A Course in Language Teaching: Practice and Theory, Cambridge: Cambridge University Press.

WANG, Jinjun e FENG, Zhengjun (2009). "An Exploration on the Developmental Course and Laws of Foreign Language Textbooks". in Comparative Education Review nº 6.

YIN, Roberto K. (2001). Estudo de Caso: Planejamento e Métodos. Tradução: Daniel Grassi. 2ª Ed. Porto Alegre: Bookmam.

ZHAO, Hongling e ZHAO, Jingjian (2013). Ensino de Português na China: da explosão ao amadurecimento. Beijing: não publicado.

C) Sitografia

Euronews

http://pt.euronews.com/2014/02/19/portugues-a-quarta-lingua-mais-falada-no-mundo/ (consulta a 21 de agosto de 2015)

Fórum para a Cooperação Económica e Comercial entre a China e os Países de Língua Portuguesa (Macau)

www.forumchinaplp.org.mo/trade-between-china-and-portuguese-speaking-countries-tops-us133-bln-in-2014/?lang=pt (consulta a 8 de agosto de 2015)

Plano de Ação para a Cooperação Económica e Comercial da 4ª Conferência Ministerial do Fórum para a Cooperação Económica e Comercial entre a China e os Países de Língua Portuguesa (2014-2016) www.forumchinaplp.org.mo/about-us/action-plans/strategi-c-plan-for-economic-and-trade-co-operation-of-the-4th-ministerial-con-ference-of-the-forum-for-economic-and-trade-co-operation-between-chi-na-and-portuguese-speaking-countries-2014-2016/?lang=pt (consulta a 8 de agosto de 2015)

Universidade de Comunicação da China (UCC)

http://by.cuc.edu.cn/ (consulta a 1 de setembro de 2015)

Universidade de Estudos Internacionais de Beijing (UEIB)

http://www.bisu.edu.cn/ (consulta a 1 de setembro de 2015)

Universidade de Estudos Internacionais de Tianjin (UEIT)

http://european.tjfsu.edu.cn/ (consulta a 8 de setembro de 2015)

Universidade de Línguas Estrangeiras de Dalian (ULED)

http://www.dlufl.edu.cn/ (consulta a 18 de setembro de 2015)

Universidade de Línguas Estrangeiras de Jilin Huaqiao (ULEJH)

http://www.hqwy.com/hqwy/gaikuang/dw.asp (consulta a 18 de setembro de 2015)

Xinhuanews

http://news.xinhuanet.com/ziliao/2010-11/15/content_14245851.htm (consulta a 21 de agosto de 2015)

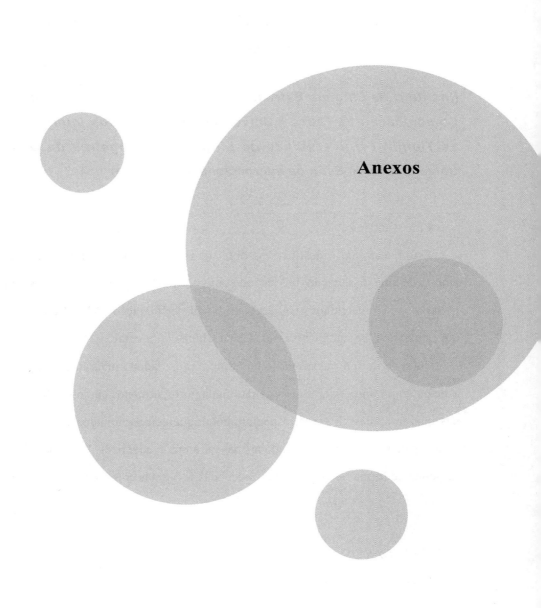

Anexos

Anexo 1-Questionário aos Alunos do Curso de Licenciatura em PLE

(Instituto de Línguas Estrangeiras Jilin Huaqiao / Universidade de Comunicação da China / Universidade de Estudos Internacionais de Tianjin / Universidade de Línguas Estrangeiras de Dalian / Universidade de Estudos Internacionais de Beijing)

Caro estudante,

Este questionário destina-se a obter dados para uma pesquisa realizada no âmbito de uma dissertação de Mestrado com o título "Análise dos Manuais de PLE Usados nas Universidades Chinesas no Nível de Iniciação (A1/A2 do QECRL): um estudo de caso em 5 Universidades da China continental".

Trata-se de um questionário anónimo, cujos dados ajudarão a compreender aspetos importantes sobre o ensino da língua portuguesa nos cursos de licenciatura nas universidades chinesas, especialmente aqueles relacionados com o uso dos manuais de PLE na aula, servindo apenas para fins académicos. Peço, por isso, que responda de forma objetiva, clara e sincera às perguntas colocadas.

PARTE I - DADOS PESSOAIS

  1.IDADE:

  2.SEXO:

3.UNIVERSIDADE:

PARTE II - PERCEÇÕES SOBRE O USO DE MANUAIS DE PLE NA PRÁTICA LETIVA

1. No 1.º ano do seu curso de Licenciatura em Língua Portuguesa, quais dos manuais de PLE abaixo utiliza nas suas aulas？ (Pode assinalar mais do que uma opção.) 你在大学一年级使用过以下哪本教材？（可以多选）

A. Aprender Português 1 学习葡萄牙语第一册

B. Curso de Português para Chineses 1 葡萄牙语综合教程第一册

C. Português XXI 1 二十一世纪葡语第一册

D. Português para Ensino Universitário 1 大学葡萄牙语第一册

E. Português sem Fronteiras 1 葡语无疆界第一册

F. Outro(s). Qual(ais)?

2. Em que disciplinas usa os manuais referidos em cima?

你在哪门课中用过以上提到的教材？

A. Português Elementar 基础葡萄牙语

B. Conversação 会话

C. Compreensão Audiovisual 视听

D. Outra (indique por favor) 其它（请注明）

Aprender Português 1	Curso de Português para Chineses 1	Português XXI 1	Português para Ensino Universitário 1	Português sem Fronteiras 1	Outro (indique qual)
A	A	A	A	A	A
B	B	B	B	B	B
C	C	C	C	C	C
D	D	D	D	D	D

3. Está satisfeito(a) com os manuais referidos em cima e usados no 1 º ano do seu curso? 你对前面提到的大学一年级使用的教材满意吗？

A. Muito satisfeito 很满意

B. Satisfeito 满意

C. Pouco satisfeito 不太满意

D. Insatisfeito 不满意

Aprender Português 1	Curso de Português para Chineses 1	Português XXI 1	Português para Ensino Universitário 1	Português sem Fronteiras 1	Outro (indique qual)
A	A	A	A	A	A
B	B	B	B	B	B
C	C	C	C	C	C
D	D	D	D	D	D

4. Na sua opinião, o contributo dado pelo manual para a aquisição de conhecimentos de fonética é?

你认为，以上提到的教材是否适宜语音的学习？

A. Muito adequado 非常适宜

B. Adequado 适宜

C. Pouco adequado 一般

D. Desadequado 不适宜

Aprender Português 1	Curso de Português para Chineses 1	Português XXI 1	Português para Ensino Universitário 1	Português sem Fronteiras 1	Outro (indique qual)
A	A	A	A	A	A
B	B	B	B	B	B
C	C	C	C	C	C
D	D	D	D	D	D

5. Na sua opinião, o contributo dado pelo manual para o desenvolvimento do léxico é? 你认为，以上提到的教材是否适宜词汇量的扩展？

A. Muito adequado 非常适宜

B. Adequado 适宜

C. Pouco adequado 一般

D. Desadequado 不适宜（词汇量及难度较大）

Aprender Português 1	Curso de Português para Chineses 1	Português XXI 1	Português para Ensino Universitário 1	Português sem Fronteiras 1	Outro (indique qual)
A	A	A	A	A	A
B	B	B	B	B	B
C	C	C	C	C	C
D	D	D	D	D	D

6. Na sua opinião, o contributo dado pelo manual para a aquisição de conhecimentos sobre a estrutura gramatical da língua portuguesa é?

你认为，以上提到的教材是否适宜语法的学习？

A. Muito adequado 非常适宜

B. Adequado 适宜

C. Pouco adequado 一般

D. Desadequado 不适宜

Aprender Português 1	Curso de Português para Chineses 1	Português XXI 1	Português para Ensino Universitário 1	Português sem Fronteiras 1	Outro (indique qual)
A	A	A	A	A	A
B	B	B	B	B	B
C	C	C	C	C	C
D	D	D	D	D	D

7. Na sua opinião, o contributo dado pelo manual para o desenvolvimento de competências de compreensão e produção escrita é?

你认为，以上提到的教材是否适宜培养读写的能力？

A. Muito adequado 非常适宜

B. Adequado 适宜

C. Pouco adequado 一般

D. Desadequado 不适宜

Aprender Português 1	Curso de Português para Chineses 1	Português XXI 1	Português para Ensino Universitário 1	Português sem Fronteiras 1	Outro (indique qual)
A	A	A	A	A	A
B	B	B	B	B	B
C	C	C	C	C	C
D	D	D	D	D	D

8. Na sua opinião, o contributo dado pelo manual para o desenvolvimento de competências de compreensão e produção oral é?

你认为，以上提到的教材是否适宜培养听说能力？

A. Muito adequado 非常适宜

B. Adequado 适宜

C. Pouco adequado 一般

D. Desadequado 不适宜

Aprender Português 1	Curso de Português para Chineses 1	Português XXI 1	Português para Ensino Universitário 1	Português sem Fronteiras 1	Outro (indique qual)
A	A	A	A	A	A
B	B	B	B	B	B
C	C	C	C	C	C
D	D	D	D	D	D

9. Na sua opinião, o contributo dado pelo manual para o desenvolvimento de competências comunicativas é?

你认为，以上提到的教材是否适宜培养交际能力？

A. Muito adequado 非常适宜

B. Adequado 适宜

C. Pouco adequado 一般

D. Desadequado 不适宜

Aprender Português 1	Curso de Português para Chineses 1	Português XXI 1	Português para Ensino Universitário 1	Português sem Fronteiras 1	Outro (indique qual)
A	A	A	A	A	A
B	B	B	B	B	B
C	C	C	C	C	C
D	D	D	D	D	D

10. Na sua opinião, o contributo dado pelo manual para o desenvolvimento de competências de tradução e interpretação é?

你认为，以上提到的教材是否适宜培养翻译能力？

A. Muito adequado 非常适宜

B. Adequado 适宜

C. Pouco adequado 一般

D. Desadequado 不适宜

Aprender Português 1	Curso de Português para Chineses 1	Português XXI 1	Português para Ensino Universitário 1	Português sem Fronteiras 1	Outro (indique qual)
A	A	A	A	A	A
B	B	B	B	B	B
C	C	C	C	C	C
D	D	D	D	D	D

11. Na sua opinião，os temas e os textos no manual são:

你认为教材中的主题和课文是：

A. Interessantes e autênticos (abordados) 有趣而真实的

B. Pouco interessantes e embora autênticos (abordados) 不怎么有趣，有些时候是真实的

C. Nada interessantes nem autênticos (abordados) 枯燥而乏味的

D. Outra (indique por favor) 其它（请注明）

Aprender Português 1	Curso de Português para Chineses 1	Português XXI 1	Português para Ensino Universitário 1	Português sem Fronteiras 1	Outro (indique qual)
A	A	A	A	A	A
B	B	B	B	B	B
C	C	C	C	C	C
D	D	D	D	D	D

12. Na sua opinião，os exercícios e as atividades propostos no manual são :

你认为教材中的练习是：

A. Diversos e de carácter comunicativo 多样的，并带有交际性

B. Pouco diversos e raramente comunicativos 较多样，少量交际性

C. Nada diversos nem comunicativos 单调的，不具有交际性

D. Outra (indique por favor) 其它（请注明）

Aprender Português 1	Curso de Português para Chineses 1	Português XXI 1	Português para Ensino Universitário 1	Português sem Fronteiras 1	Outro (indique qual)
A	A	A	A	A	A
B	B	B	B	B	B
C	C	C	C	C	C
D	D	D	D	D	D

13. Na sua aula ou vida quotidiana, gosta de comunicar em português com os professores, os colegas ou os amigos?

在课堂上或是日常生活中，你愿意用葡语和老师、同学或朋友交流沟通吗？

A. Sim, gosto sempre, e não tenho dificuldade de comunicar em português. 喜欢交流，并且用葡语交流没有太大困难

B. Sim, gosto sempre, mas tenho dificuldade de comunicar em português. 喜欢交流，但是运用葡语与人交流存在一些困难

C. Sim, mas nem sempre posso expressar claramente em português. 有时喜欢交流，可以用葡语清楚的表达。

D. Sim, mas nem sempre, porque tenho muita dificuldade de comunicar em português. 有时喜欢交流，因为运用葡语与人交流存在一些困难，所以不总是主动交流

E. Não, não gosto nada. 不，不喜欢主动用葡语交流

14. Na sua opinião, em que área(s) é que se sente mais competente? (Pode assinalar mais do que uma opção.) 你哪方面的能力水平较强？（可多选）

A. Vocabulário 词汇

B. Gramática 语法

C. Compreensão oral 听力

D. Compreensão escrita 阅读

E. Produção oral 口语

F. Produção escrita 写作

G. Capacidade comunicativa 交际沟通

15. Através do manual referido em cima, conhece a literatura de língua

portuguesa？通过以上提到的教材，你了解到葡萄牙语文学了吗？

A. Muito 非常多

B. Suficiente 足够

C. Pouco 很少

A. Nada 没有

Aprender Português 1	Curso de Português para Chineses 1	Português XXI 1	Português para Ensino Universitário 1	Português sem Fronteiras 1	Outro (indique qual)
A	A	A	A	A	A
B	B	B	B	B	B
C	C	C	C	C	C
D	D	D	D	D	D

16. Através do manual referido em cima, conhece as cultura, os povos, os países ou as regiões de língua portuguesa？通过以上提到的教材，你了解到葡语地区的文化、人文、国情和区域范围等相关知识了吗？

A. Muito 非常多

B. Suficiente 足够

C. Pouco 很少

D. Nada 没有

Aprender Português 1	Curso de Português para Chineses 1	Português XXI 1	Português para Ensino Universitário 1	Português sem Fronteiras 1	Outro (indique qual)
A	A	A	A	A	A
B	B	B	B	B	B
C	C	C	C	C	C
D	D	D	D	D	D

17. Através do manual referido em cima, quais as áreas dos aspetos sociais e

culturais dos países de língua portuguesa que lhe são mais familiares/conhecidas? (Pode assinalar mais do que uma opção.) 通过以上提到的教材，你对葡语国家的哪方面社会及文化知识了解较多？（可多选）

A. História, geografia e o sistema político 历史、地理及政治体系

B. A vida quotidiana, os hábitos, as tradições e a gastronomia 日常生活，喜欢，传统及饮食

C. Arte, cinema, música, dança, teatro e desporto 艺术、电影、音乐、舞蹈、体育

D. Locais turísticos 旅游

Aprender Português 1	Curso de Português para Chineses 1	Português XXI 1	Português para Ensino Universitário 1	Português sem Fronteiras 1	Outro (indique qual)
A	A	A	A	A	A
B	B	B	B	B	B
C	C	C	C	C	C
D	D	D	D	D	D

Obrigada pela sua colaboração!

Anexo 2- Questionário aos Professores do Curso de Licenciatura em PLE

(Instituto de Línguas Estrangeiras Jilin Huaqiao / Universidade de Comunicação da China / Universidade de Estudos Internacionais de Tianjin / Universidade de Línguas Estrangeiras de Dalian / Universidade de Estudos Internacionais de Beijing)

Sr./Sra. Professor/a

Este questionário destina-se a obter dados para uma pesquisa realizada no âmbito de uma dissertação de Mestrado com o título "Análise dos Manuais de PLE Usados nas Universidades Chinesas no Nível de Iniciação (A1/A2 do QECRL): um estudo de caso em 5 Universidades da China continental".

Trata-se de um questionário anónimo, cujos dados ajudarão a compreender aspetos importantes sobre o ensino da língua portuguesa nos cursos de licenciatura nas universidades chinesas, especialmente aqueles relacionados com o uso dos manuais de PLE na aula, servindo apenas para fins académicos. Peço, por isso, que responda de forma objetiva, clara e sincera às perguntas colocadas.

PARTE I - DADOS PESSOAIS

    1. IDADE:

    2. SEXO:

3. FORMAÇÃO ACADÉMICA:

4. GRAU DE ENSINO A QUE LECIONA:

5. NÚMERO DE ANOS DE EXPERIÊNCIA COMO PROFESSOR DE PLE:

PARTE II - PERCEÇÕES SOBRE O USO DE MANUAIS DE PLE NA PRÁTICA LETIVA

1. Que disciplinas leciona no Curso de PLE?

A. Português Elementar

B. Conversação

C. Compreensão Audiovisual

D. Outra (indique por favor)

2. Quais dos manuais de PLE abaixo utiliza nas suas aulas ?   (Pode assinalar mais do que uma opção.)

A. Aprender Português 1

B. Curso de Português para Chineses 1

C. Português XXI 1

D. Português para Ensino Universitário 1

E. Português sem Fronteiras 1

F. Outro(s). Qual(ais)?

3. Em que disciplinas usa os manuais referidos em cima?

A. Português Elementar

B. Conversação

C. Compreensão Audiovisual

D. Outra (indique por favor)

Aprender Português 1	Curso de Português para Chineses 1	Português XXI 1	Português para Ensino Universitário 1	Português sem Fronteiras 1	Outro (indique qual)
A	A	A	A	A	A
B	B	B	B	B	B
C	C	C	C	C	C
D	D	D	D	D	D

4. Está satisfeito(a) com os manuais referidos em cima e usados na sua aula?

A. Muito satisfeito

B. Satisfeito

C. Pouco satisfeito

D. Insatisfeito

Aprender Português 1	Curso de Português para Chineses 1	Português XXI 1	Português para Ensino Universitário 1	Português sem Fronteiras 1	Outro (indique qual)
A	A	A	A	A	A
B	B	B	B	B	B
C	C	C	C	C	C
D	D	D	D	D	D

5. Na sua opinião, o contributo dado pelo manual para a aquisição de conhecimentos de fonética é?

A. Muito adequado

B. Adequado

C. Pouco adequado

D. Desadequado

Aprender Português 1	Curso de Português para Chineses 1	Português XXI 1	Português para Ensino Universitário 1	Português sem Fronteiras 1	Outro (indique qual)
A	A	A	A	A	A
B	B	B	B	B	B
C	C	C	C	C	C
D	D	D	D	D	D

6. Na sua opinião, o contributo dado pelo manual para o desenvolvimento do léxico é?

A. Muito adequado

B. Adequado

C. Pouco adequado

D. Desadequado

Aprender Português 1	Curso de Português para Chineses 1	Português XXI 1	Português para Ensino Universitário 1	Português sem Fronteiras 1	Outro (indique qual)
A	A	A	A	A	A
B	B	B	B	B	B
C	C	C	C	C	C
D	D	D	D	D	D

7. Na sua opinião, o contributo dado pelo manual para a aquisição de conhecimentos sobre a estrutura gramatical da língua portuguesa é?

A. Muito adequado

B. Adequado

C. Pouco adequado

D. Desadequado

Aprender Português 1	Curso de Português para Chineses 1	Português XXI 1	Português para Ensino Universitário 1	Português sem Fronteiras 1	Outro (indique qual)
A	A	A	A	A	A
B	B	B	B	B	B
C	C	C	C	C	C
D	D	D	D	D	D

8. Na sua opinião, o contributo dado pelo manual para o desenvolvimento de competências de compreensão e produção escrita é?

A. Muito adequado

B. Adequado

C. Pouco adequado

D. Desadequado

Aprender Português 1	Curso de Português para Chineses 1	Português XXI 1	Português para Ensino Universitário 1	Português sem Fronteiras 1	Outro (indique qual)
A	A	A	A	A	A
B	B	B	B	B	B
C	C	C	C	C	C
D	D	D	D	D	D

9. Na sua opinião, o contributo dado pelo manual para o desenvolvimento de competências de compreensão e produção oral é?

A. Muito adequado

B. Adequado

C. Pouco adequado

D. Desadequado

Aprender Português 1	Curso de Português para Chineses 1	Português XXI 1	Português para Ensino Universitário 1	Português sem Fronteiras 1	Outro (indique qual)
A	A	A	A	A	A
B	B	B	B	B	B
C	C	C	C	C	C
D	D	D	D	D	D

10. Na sua opinião, o contributo dado pelo manual para o desenvolvimento de competências comunicativas é?

A. Muito adequado

B. Adequado

C. Pouco adequado

D. Desadequado

Aprender Português 1	Curso de Português para Chineses 1	Português XXI 1	Português para Ensino Universitário 1	Português sem Fronteiras 1	Outro (indique qual)
A	A	A	A	A	A
B	B	B	B	B	B
C	C	C	C	C	C
D	D	D	D	D	D

11. Na sua opinião, o contributo dado pelo manual para o desenvolvimento de competências de tradução e interpretação é?

A. Muito adequado

B. Adequado

C. Pouco adequado

D. Desadequado

Aprender Português 1	Curso de Português para Chineses 1	Português XXI 1	Português para Ensino Universitário 1	Português sem Fronteiras 1	Outro (indique qual)
A	A	A	A	A	A
B	B	B	B	B	B
C	C	C	C	C	C
D	D	D	D	D	D

12. Na sua opinião, os temas e os textos no manual são:

A. Interessantes e autênticos

B. Pouco interessantes embora autênticos

C. Nada interessantes nem autênticos

D. Outra (indique por favor)

Aprender Português 1	Curso de Português para Chineses 1	Português XXI 1	Português para Ensino Universitário 1	Português sem Fronteiras 1	Outro (indique qual)
A	A	A	A	A	A
B	B	B	B	B	B
C	C	C	C	C	C
D	D	D	D	D	D

13. Os seus alunos demonstram interesse pelos temas e pelos textos do manual?

A. Muito

B. Algum

C. Pouco

D. Nenhum

Aprender Português 1	Curso de Português para Chineses 1	Português XXI 1	Português para Ensino Universitário 1	Português sem Fronteiras 1	Outro (indique qual)
A	A	A	A	A	A
B	B	B	B	B	B
C	C	C	C	C	C
D	D	D	D	D	D

14. Na sua opinião, os exerc í cios e as atividades propostos no manual são :

A. Diversos e de carácter comunicativo

B. Pouco diversos e raramente comunicativos

C. Nada diversos nem comunicativos

D. Outra (indique por favor)

Aprender Português 1	Curso de Português para Chineses 1	Português XXI 1	Português para Ensino Universitário 1	Português sem Fronteiras 1	Outro (indique qual)
A	A	A	A	A	A
B	B	B	B	B	B
C	C	C	C	C	C
D	D	D	D	D	D

15. Na sua opinião, os exerc í cios e as atividades são suficientes para desenvolver as compet ê ncias dos alunos?

A. Sim, são suficientes.

B. Não, preciso de preparar mais exercícios e atividades para desenvolver a competência comunicativa dos alunos.

C. Não, preciso de preparar mais exercícios e atividades para desenvolver a competência de compreensão e produção escrita dos alunos.

D. Não, preciso de preparar mais exercícios e atividades para desenvolver a competência de compreensão e produção oral dos alunos.

E. Outra (indique por favor)

Aprender Português 1	Curso de Português para Chineses 1	Português XXI 1	Português para Ensino Universitário 1	Português sem Fronteiras 1	Outro (indique qual)
A	A	A	A	A	A
B	B	B	B	B	B
C	C	C	C	C	C
D	D	D	D	D	D
E	E	E	E	E	E

16. Na sua opinião, em que área(s) é que os seus alunos são mais competentes? (Pode assinalar mais do que uma opção.)

A. Vocabulário

B. Gramática

C. Compreensão oral

D. Compreensão escrita

E. Produção oral

F. Produção escrita

G. Capacidade comunicativa

17. Que métodos de ensino privilegia nas suas aulas? (Pode assinalar mais do que uma opção.)

A. Abordagem natural

B. Abordagem tradicional

C. Abordagem direta

D. Abordagem audio-oral

E. Abordagem audiovisual

F. Abordagem comunicativa

18. Na sua opinião, os manuais referidos em cima incluem conteúdos suficientes relativos a aspetos sociais e culturais dos países de língua portuguesa ?

A. Sim, são suficientes.

B. Não, preciso de preparar mais conteúdos sobre história, geografia e o sistema político.

C. Não, preciso de preparar mais conteúdos sobre a vida quotidiana, os hábitos, as tradições e a gastronomia.

D. Não, preciso de preparar mais conteúdos sobre arte, cinema, música, dança, teatro e desporto.

E. Não, preciso de preparar mais conteúdos sobre locais turísticos.

F. Outra (indique por favor)

Aprender Português 1	Curso de Português para Chineses 1	Português XXI 1	Português para Ensino Universitário 1	Português sem Fronteiras 1	Outro (indique qual)
A	A	A	A	A	A
B	B	B	B	B	B
C	C	C	C	C	C
D	D	D	D	D	D
E	E	E	E	E	E
F	F	F	F	F	F

19. Na sua opinião, qual a importância dada pelos manuais à literatura de língua portuguesa?

A. Muita

B. Suficiente

C. Pouca

D. Nenhuma

Aprender Português 1	Curso de Português para Chineses 1	Português XXI 1	Português para Ensino Universitário 1	Português sem Fronteiras 1	Outro (indique qual)
A	A	A	A	A	A
B	B	B	B	B	B
C	C	C	C	C	C
D	D	D	D	D	D

Obrigada pela sua colaboração!